LA PRE

PAUL SÉDIR

INDICE

BIOGRAFIA DI PAUL SÉDIR

Paul Sédir, al secolo Yvon Le Loup (nasce il 2/2/1871 a Dinan e muore il 3/2/1926 a Parigi). Nel corso della sua vita ha operato uno stravolgimento della propria prospettiva spirituale, in forza dell'incontro e della fascinazione subita dal mistico e guaritore cristiano Maitre Philippe[1]. Abbandonando le iniziazioni e i titoli roboanti, tipici della Francia del tempo, così come del mondo occidentale di oggi, giunge ad un percorso di profonda spogliazione interiore, di essenzialità nel pensare, di ponderatezza nell'agire e di riconoscimento totale ed esclusivo nella tradizione cattolica. Da ricercatore del potere che governa le cose di questo mondo, divenne, come egli stesso amava definirsi, ricercatore della compagnia di Gesù.

Sicuramente, e questo traspare chiaramente nei suoi scritti, la prospettiva spirituale di Paul Sédir può essere definita Gesù-Centrica, in quanto il Dio sofferente fattosi uomo è perennemente presente nei suoi pensieri, scritti, meditazioni e comportamenti. Gesù, considerato realmente figlio di Dio ed inconfutabile evento storico, è definito con i titoli di "buon amico" e "impareggiabile maestro". Esso viene proposto come l'eterno modello, di tensione e di ispirazione, necessario per il ricongiungimento a Dio. Gesù attende il fedele soldato del Cristo, colui che ardentemente desidera il ritorno nei Cieli, sulla soglia del Cuore. Per Sédir l'uomo si deve consegnare integralmente e volontariamente a Gesù e solamente in questo modo riceverà il suo ristoratore amore.

---

[1] Anthelme Nizier Philippe (25 aprile 1849, Le Rubathier , Loisieux , Savoia , Francia - 2 agosto 1905, L'Arbresle , Rhône , Francia)

La vita di Paul Sédir si trova immancabilmente segnata da due figure che, in modo ed in tempo diverso, ne determinano indirizzo e sostanza.

Il primo incontro degno di nota è quello con Papus[2], il mercuriale animatore della ripresa esoterica nella Parigi novecentesca. È attraverso Gérard Encausse che entra in contatto con il Marchese Stanislas de Guita[3], Sar Peladan[4], Paul Adam[5], F.Ch. Barlet[6] e Victor-Émile Michelet[7]; venendo introdotto in ogni circolo occultistico ed iniziatico del tempo: accettato nell'Ordine Kabbalistico della Rosa-Croce, dignitario del Supremo Consiglio dell'Ordine Martinista, iniziato all'Hermetic Brotherhood of Luxor, con il nome di Tau Paul, consacrato nella Chiesa Gnostica quale vescovo di Concorezzo, membro della Società Alchemica di Francia, adepto rosacrociano, ed infine Libero Muratore Egizio.

Un vortice, una vertigine, di iniziazioni tipiche di un certo modo effimero di intendere e leggere la vita spirituale a cui egli non si sottrae e anzi ne diviene a sua volta promotore e banditore.

---

[2] Gérard Encausse (La Coruña, 13 luglio 1865 – Parigi, 25 ottobre 1916) è stato un esoterista e medico francese, è anche noto con lo pseudonimo Papus. Ha fondato l'Ordine Martinista.

[3] Stanislas De Guaita era un poeta francese di stanza a Parigi, esperto di esoterismo e misticismo europeo e membro attivo dell'Ordine Rosacrociano. Era molto celebrato e di successo nel suo tempo. Ha avuto molte controversie con altre persone coinvolte nell'occultismo e nella magia. È stata una delle mente più brillanti dell'occultismo europeo. Nasce il 6 aprile 1861, Mosella e decede il 19 dicembre 1897, Tarquimpol, Francia

[4] Joseph-Aimé Péladan, detto Joséphin Péladan (Lione, 28 marzo 1858 – Neuilly-sur-Seine, 27 giugno 1918), è stato uno scrittore, pittore ed esoterista francese.

[5] Paul Adam (Parigi, 6 dicembre 1862 – Parigi, 2 gennaio 1920) è stato uno scrittore francese.

[6] Albert Faucheux , nato il 12 ottobre 1838 a Parigi , dove morì 29 ottobre 1921 è stato un occultista e astrologo francese

[7] Victor-Emile Michelet è stato un poeta, uno scrittore e un esoterista francese, nato a Nantes il 1 ° dicembre 1861, decede a Parigi il 12 gennaio 1938.

4

Quasi però a presagire la sua prossima "conversione", nel suo nome "iniziatico" vi era già segnato il suo futuro destino. Infatti Paul Sédir è l'anagramma di Désir: il Desiderio che il Filosofo Incognito, Louis Claude de Saint-Martin[8], riconosce quale unico e reale fuoco spirituale che anima l'autentico ricercatore di Dio.

Nel 1897, come anticipato, incontra Maitre Philippe. Quest'uomo, di indubbio fascino, è conosciuto come mistico, taumaturgo, ma soprattutto Uomo di Dio. Maitre Philippe influisce profondamente su Paul Sédir, operando in lui, così come in altri, un profondo mutamento spirituale.

Vediamo Sédir lasciare i vari incarichi nelle organizzazioni iniziatiche, abbandonare i complessi rituali massonici e paramassonici, e acquietare la mente, che fino a quel momento era sempre rivolta all'occultismo, con la preghiera, la meditazione e le opere pie. Egli si lascia guidare dalla semplicità del messaggio di Gesù; e il suo nuovo viatico di perfezionamento interiore è il Vangelo.

Paul Sédir si dedica ad opere di beneficienza, vive con morigeratezza, ha una condotta di vita riservata, rifugge dal plauso e il suo scrivere si orienta su argomenti intrisi di misticismo cristiano. Anche lui, come il Filosofo Incognito, trova nella spogliazione in Cristo il giusto e preciso approdo per l'Anima assetata di spiritualità.

La morte lo coglierà sereno, rivolto con lo sguardo e l'anima ad un'icona raffigurante il suo Buon Amico: Gesù Cristo.

---

[8] Louis Claude de Saint-Martin (Amboise, 18 gennaio 1743 – Aulnay-sous-Bois, 13 ottobre 1803) è stato un filosofo francese. Detto "il filosofo ignoto", fu un filosofo illuminista, propone una lettura dei testi cristiani alla luce del neoplatonismo e della tradizione qabbalistica, mette l'accento sull'interiorità della ricerca mistica, rigetta la scolastica.

Nell'opera proposta, e mai tradotta in Italia, Paul Sédir si sofferma sull'importanza dello strumento della preghiera, e ammonisce il lettore attorno all'errato impiego della medesima. La preghiera, così come intesa e offerta, è integralmente espressione della tradizione devozionale cattolica.

Paul Sédir si raccomanda di pregare, sempre e comunque spersonalizzando l'orazione da esigenze contingenti ed utilitaristiche, solamente dopo aver compreso le reali motivazioni che ci spingono verso di essa.

La preghiera è frutto di umiltà e sofferenza, è un dono di Dio per comunicare con Dio. Sono Gesù, il buon amico, la Vergine e talvolta gli Angeli le figure intermedie, i mediatori, che conducono le nostre preghiere ai piedi del Trono Celeste.

Non esiste un metodo valevole per tutti, non esiste un luogo maggiormente deputato rispetto agli altri e non esiste un momento in cui non è lecito pregare: esiste solamente la volontà di donarsi integralmente e di testimoniare con la nostra vita la devozione verso il Creatore.

I. LA PREGHIERA

Se dimorate in me e le mie parole dimorano in voi, domandate quel che volete e vi sarà fatto, 8 In questo è glorificato il Padre mio, che portiate molto frutto, e così sarete miei discepoli," (Giovanni 15:1-8)

La preghiera è il cimento più arduo che può essere offerto all'uomo. Tuttavia[9] tutto, quanto è attorno a noi, non cerca forse la Luce del giorno? La pietra, che si accresce nel buio della miniera, non cerca forse la luce del giorno? La pianta, che fora il muro, non vuole forse trovare la luce? Gli animali non si fermano innanzi al Sole almeno una volta al giorno? L'oceano non si innalza regolarmente all'incontro degli influssi selenici che lo rinvigoriscono? Tutti, in Natura, chiedono il mantenimento delle proprie forze.

L'ateo prega, dal momento che lavora; il demone prega, dato che brama; il ciottolo prega, poiché tende verso il cristallo[10].

I popoli desiderano la felicità, i pianeti anche inchinandosi sui loro poli; La nostra stessa intelligenza è così vasta perché chiede molto a ciò che la circonda. Questo significa che ognuno di questi esseri procede lungo la retta via[11]? No; l'intera creazione è imperfetta; ma essa ha la sensazione di questa impotenza e il presentimento di una estasi superiore.

---

[9] Viene creato un parallelismo, di non immediata individuazione, fra l'uomo e le cose tutte della natura. Dove la preghiera è proposta come il mantenimento delle energie, delle forze e del sostentamento di colui che si cimenta con essa.

[10] Il pregare è visto come una sofferta tensione verso ciò che è ritenuto essere uno stato migliore e maggiormente appagante.

[11] Da intendersi con: "prega correttamente, colui che è il solo degno di essere pregato?"

Ogni atto è una richiesta; e tutto, dal momento che viviamo, è necessariamente un atto[12]. Un risultato può non essere ottenuto a causa della nostra volontà, oppure perché, nel lavorare verso la sua realizzazione, le nostre energie, comprese quelle fisiche, il nostro desiderio e la nostra speranza per il successo non si coordinano.

È l'uomo, tra tutte le creature, che più spesso si rifiuta di riconoscere questa legge; ed è soprattutto per lui che essa viene applicata. Spero di mostrarti, nel proseguo, quanto tale comportamento sia irragionevole.

La preghiera, compresa nella sua vera dignità, è un desiderio al Cielo e una conversazione con Dio. È una Grazia[13] e una fonte di Grazie; è un seme nelle terre dell'eternità, un'opera più preziosa di tutti i capolavori, più grande del mondo, più potente, si potrebbe asserire, di Dio stesso. Non essere sorpreso e seguimi. Lascia i regni dialettici della ragione, adesso siamo nelle foreste lussureggianti dell'Amore. Silenzia l'intelligenza; apri le finestre del cuore; contempla gli infiniti campi delle colline eterne. Affinché sia possibile renderli visibili!

Due movimenti si verificano nella preghiera. Il desiderio si umilia, si nobilita e si rifugia nella divina misericordia: la quale è lo stesso Cristo; la Grazia gli risponde, si sforza e si lascia divorare da esso. Questi due elementi sono la forma mistica della fede; e più il desiderio affonda nell'abisso dell'umiltà, più attrae la Grazia; più il

---

[12] Un fatto concreto, tangibile, che indiscutibilmente provoca una modifica del mondo circostante e del mondo interiore. La preghiera è un atto con cui modificare il mondo interiore.

[13] Nel linguaggio teologico, l'aiuto particolare che Dio concede all'uomo perché possa fare il bene e vincere il male; anche, il complesso dei doni quali la redenzione, la giustificazione, la fede, la gloria e la betitudine eterna, che Dio concede all'uomo per i meriti di Cristo.

nostro cuore è alimentato come una fiamma e con maggior forza il Verbo si sviluppa in profondità dentro di noi.

La preghiera è l'impulso della nostra persona verso l'Assoluto. Essa si arrende al Padre, si getta tra le sue braccia, dialoga con Lui, ma senza parole; non usa l'intelletto. La preghiera è il cuore che, finalmente toccato nella sua totalità, si sorprende, vacilla muore e rinasce in una felicità infinitamente crescente.

Tuttavia, senza l'esplicito aiuto di Gesù, niente ci è possibile compiere. È Lui, Il Verbo, che conferisce alla creazione tutta la forza vitale; e la infonde nuovamente attraverso la redenzione. È una forza universale, e allo stesso tempo è una forza individuale[14]. Gesù attende silenziosamente alla soglia del nostro cuore e, al primo impulso, ci apre le braccia; rivelandoci la luminosità irradiante, proprio nella misura che i nostri occhi malati possono sopportare.

Gesù attende in silenzio alla soglia del nostro cuore.

Lui attende che la passione, il potere, la scienza rivelino finalmente il loro vero sapore di cenere amara. Lui è lì, con le sue nobili palpebre abbassate: in modo che la profondità del suo sguardo non spaventi l'osservatore. Custodisce tutte le parole che potrebbero turbare. Nasconde le sue mani misericordiose, perché, al loro contatto divamperebbe immediatamente, nelle vene del peccatore, il fuoco famelico dell'Amore.

Ora, Gesù ci vuole integri: da questo corpo costruito dagli angeli, al cuore dove Egli edifica sé stesso e il tempio che Egli

---

[14] Gesù è visto al contempo come la forza che anima e redime l'intera creazione, ma anche il particolare ed individuale amico di ogni uomo che crede in Lui.

pretende per sé stesso. E soprattutto è l'offerta gratuita che desidera. Poteva prendere tutto; ma, per un riflesso della sua tenerezza, ama solo ciò che gli offriamo.

È così che, nascendo dal gesto di questa offerta spontanea, Gesù ci dispensa dalle disillusioni, dagli scontri e dalle spine che sono il frutto della nostra volontà di non ascoltarLo. La stanchezza e la paura ci insegnano la preghiera. Mentre l'uomo inseguito dall'incendio boschivo si buttava nel fiume, sconvolto dal rimorso, noi ci tuffammo nelle onde fiammeggianti e fresche dell'Amore[15].

Lasciateci gustare con pienezza il sapore della preghiera. È qualcosa di diverso da una pratica estemporanea e particolare. È un atto universale[16].

Dio solo, nella sua natura di Verbo, conosce tutti i dettagli del piano cosmico. A Lui sono, invariabilmente, svelati anche il destino dell'insignificante microbo e quello della possente nebulosa. Niente in noi esiste che non provenga da Lui; lo stesso desiderio, che ci fa anelare a Lui, è lo stesso Dio che lo ispira. Il nostro libero arbitrio agisce solo al momento della nostra decisione. Ecco quindi come il potere di pregare è una ricompensa per i nostri sforzi e la nostra decisione.

Ma poche persone sanno come pregare. Le cause apparente di questa ignoranza sono l'educazione, le preoccupazioni pratiche e l'influenza dell'ambiente; ma la vera causa è più antica e più profonda. L'uomo non può realizzare niente se la sua mente non

---

[15] Davanti alla stanchezza che assale l'uomo provato dalla vita, davanti al timore dell'uomo provato dal destino, la risposta non è l'irrazionale abbattimento. La risposta è il rifugio nella preghiera che conduce al Cristo Interiore.

[16] Che abbraccia la pienezza dell'uomo e della creazione.

contiene la facoltà corrispondente a questo atto e se il suo corpo non possiede l'organo corrispondente a questa facoltà[17]. D'altra parte, le facoltà psichiche non sono astrazioni; sono veramente organi, fluidi, membri e visceri dell'anima. Nel fisico come nell'iperfisico, tutto inizia con un piccolo germe che il lavoro e la sofferenza sviluppano lentamente. Proprio come un adolescente, che non pratica il camminare, ha le gambe deboli, così ad un uomo, che non prega, si atrofizza l'organo fisico-psichico della preghiera. Se, in questo momento, non possiamo pregare, è perché abbiamo passato anni, forse secoli senza pensare a Dio e senza l'ansia del Cielo. Cominciamo subito a riparare a questa stupefacente negligenza; non domani, non stanotte, ma subito! Ti ricordi che la Morte ci sta guardando dietro questa porta? Diamo quindi tutta la nostra cura a questa impresa; conduciamo verso di essa le nostre azioni, lasciamo che ogni circostanza diventi un pretesto per perseguirla e perfezionarla.

Tu affermi: "Non ho né desiderio né gusto per pregare; Non ne sento il bisogno".
Allora comincia a seguire Cristo con le tue azioni; prova il più semplice degli sforzi. Solamente adesso parlerai con i tuoi amici; ferma il primo pettegolezzo che arriva alle tue labbra; fermarlo a tutti i costi. Presto sentirai il respiro del demone della perversità sussurrarti: "Digli allora che tutto ciò è ridicolo; "che questa voce è assolutamente vera"; "e quanto è importante?[18]".
Allora, se vuoi sconfiggere il tentatore, dovrai chiedere aiuto. E questo grido potrebbe essere la tua prima preghiera.

---

[17] Viene proposta una visione integrale che abbraccia il corpo, la mente e l'anima dell'uomo. La preghiera è un atto che richiede la sinergica azione di tutto l'essere umano.

[18] Il cattivo suggeritore, che innanzi ad ogni accadimento ci fornisce la giusta scusa per perseverare nella nostra pessima condotta.

Spesso il nostro cuore di luce lotta in noi, urla e si lamenta. Ma la nostra coscienza rimane sorda. Non ha costruito le sue orecchie spirituali; ha cellule cerebrali ben educate per raccogliere la voce di molte creature, geni, saggi o dei[19]; ma ha trascurato di raccogliere la voce dell'Amico. Non c'è dubbio, come stai vedendo, che i nostri primi passi verso il Cielo sono i sentimenti strappati del rimorso e del pentimento; l'aratro deve estirpare dal terreno le erbacce prima della semina[20].

La preghiera è un atto ineffabile. Poiché ammette di non essere nulla, può fare qualsiasi cosa; trasfigura l'orribile, riempie gli abissi e distrugge le montagne. Come una rugiada rinfrescante, allieva, lava e trasporta. Lei è il fuoco, l'incudine e il martello. È incognita e nulla si manifesta senza di essa. All'ignorante insegna tutto. È così semplice che gli scienziati più colti non lo comprendono. Essa balbetta e coorti di angeli si chinano per ascoltarla. È una misera piccola vibrazione, ma le prestigiose mani degli ardenti Serafini[21] la raccolgono con un tremito. Essa è un respiro esausto, che riporta la vita in vita. Essa è lacrime incolori trasformate in gemme scintillanti. Essa è la radice della gioia. Essa è la Saggezza della saggezza. Essa è la dolcezza della forza. Essa è la perfezione del Verbo. Essa è la realizzazione della promessa. Essa è la medicina universale. Tale è la preghiera; tale è la sua incarnazione vivente: Cristo Gesù.

---

[19] Per Paul Sèdir questi Dei sono le potenze che governano questo mondo e che sono alimentate dai nostri desideri personali e terreni.

[20] Prima di ogni pratica è necessaria un'attenta comprensione delle nostre dinamiche interiori.

[21] Nel cristianesimo il serafino (dall'ebraico שרף śārāf, al plurale מִיפָּרְשׂ śərāfîm) è una delle nature angeliche, o spiriti celesti. Normalmente in gruppo, i serafini si situano nella prima gerarchia, essendo gli angeli più vicini a Dio, risiedenti nel cielo supremo, quello empireo o cristallino. In quanto tali sono nominati da Dante nel canto XXVIII (v. 99) del Paradiso, dove vengono appellati «fochi pii».

La preghiera è l'arma con cui combatte la giustizia di Dio, la lama doppiamente temprata che affonda ovunque si trovi la ruggine dell'iniquità. Attraverso di essa la parola dell'uomo, il magnifico segno della sua grandezza, risale al suo Principio, balza verso Dio e raggiunge le fonti della Vita. La parola umana recupera la sua forza originale, diviene un atto, attrae la manifestazione del divino e si unisce al Verbo: il suo Creatore. La vera preghiera è la figlia dell'Amore; è il sale della scienza vivente e lo fa germogliare nel nostro cuore: il suo terreno naturale. Impetuosa, ardente, perseverante, non deve più conoscere l'interruzione di quanto l'eternità conosca l'effimero e il mutevole. Il cielo dobbiamo conquistarlo "con la violenza" e affezionarsi a Lui come le radici dell'albero si avvinghiano al terreno.

I libri non possono insegnarci a pregare, né gioire, e non so se ci sono una dozzina di uomini sulla terra che sanno come realmente pregare. Ci sono taumaturghi e santi; li vediamo pregare e le loro richieste ottengono risposte; ma queste stupefacenti creature sono, per la maggior parte, come sentinelle che testimoniano una verità, senza sempre comprenderla. Essi custodiscono un deposito; Ma la preghiera, questo atto formidabile, questa temerarietà spaventosa, questo scambio incomprensibile e oscuro, si svolge altrove. Ora, se questi uomini venerabili non lo sanno, noi, la torba, come potremmo giammai saperlo? Eppure la nostra ignoranza, la nostra bassezza e la nostra nullità devono comunque pregare. Così deve essere.

Alcune persone non pregano mai, o perché non ci pensano, o perché non ci credano, o perché non concepiscono la preghiera. È una questione di educazione, di cultura o di flessibilità il come reagire innanzi ai colpi del Destino. L'organo immateriale della preghiera, in queste persone, non è ancora sviluppato e il loro essere cosciente ignora il ricorso alle Potenze Invisibili. Quando l'appetito dello spirito immortale è diretto verso il divino, e questo accade sempre in un dato momento della sua evoluzione, nascono desideri pii; ora ogni desiderio costruisce il suo organo d'azione e la sua forma di espressione. È in virtù di questo accadimento che gli artisti sacri tratteggiano un profilo particolare alle teste dei santi che rappresentano nelle loro opere[22].

Più uno differisce uno sforzo, più diventa difficile; meno preghiamo, meno possiamo pregare. Sarebbe saggio, quindi, iniziare immediatamente, nonostante la mancanza di entusiasmo, la noia, o il timore di insuccesso: le più piccole circostanze devono servire come pretesti per chiedere l'aiuto del Cielo. Non siamo mai fastidiosi per Dio e non faremo mai troppo bene ciò che il dovere ci comanda.

Perché pregare? Forse non pensi, che malgrado quanto ti accada, che la Causa Prima[23] agisce con giustizia, con gentilezza e con perfezione? La preghiera sarebbe allora una puerilità, denoterebbe la cecità del nostro cuore o un tenace egoismo. Questo sarebbe l'atteggiamento del bambino testardo, che piagnucola dopo che il suo giocattolo si è rotto. È l'orgoglio che si sente superiore alla Volontà della Mente Universale, o la delusione che ci pervade quando un desiderio non può essere soddisfatto!

Non no. Se la perfezione e l'ideale non esistessero, la Provvidenza avrebbe avuto il coraggio crudele di seminare i sentimenti nelle nostre profondità[24]? Il percorso dell'uomo è come

---

[22] L'aureola rappresenterebbe, in questa visione di Sédir, l'organo spirituale che è stato costruito attraverso la volontà e il desiderio di comunicare con Dio.
[23] La divina Provvidenza.

14

quello di tutti gli altri esseri; esso segue in tutta semplicità il senso spontaneo della vita, palpitante in sé stesso, e non gli sarà possibile deviare da questo tracciato.

Se un orangutan è sette volte più forte di un uomo, perché non dovrebbero esserci invisibili più possenti delle forze interiori che sono raccolte nella nostra volontà? Quando uno di quei giganti ti ha preso per la nuca e ti scuote, come fa ad un coniglio, cosa rimane, nelle tue possibilità, oltre a chiedere aiuto? Ecco cos'è la preghiera. Se nella foresta sei attaccato e ti sei fatto amare dai tuoi servi, essi ti difenderanno. Di conseguenza, bisogna rendersi amati dai servi del Cielo, attraverso il compimento della volontà del Padre; questo è il modo in cui la nostra preghiera sarà esaudita.

La Preghiera a cui dobbiamo aspirare, non è la preghiera opportunistica, non è la preghiera economica, un tanto al bisogno, non è la preghiera pusillanime e neppure è la preghiera egoista. Ciò di cui c'è bisogno è una preghiera perpetua, che abbracci i più piccoli dettagli e gli oggetti più vasti; una preghiera traboccante di tenerezza, e ancora impassibile; una preghiera nuda, retta, sicura e che ci annienti in Gesù. Questo è quello che serve da un cuore incandescente, a cui segue la fresca pioggia di Dio sulla terra arsa dall'inferno. Sicuramente Dio conosce i nostri bisogni ben prima che siano esposti a Lui; Tuttavia, poiché Egli ci ama, gli piace vederci ricorrere a Lui.

Di fronte al nostro Re nulla è infantile, nulla è irrimediabile. Davanti a noi, quindi, tutto appare come un seme dell'eternità. Per coloro che, in questo momento, si assumono l'ufficio della preghiera, non vi sia distrazione, non vi sia sonno, non vi sia

---

[24] I sentimenti, la bontà, la carità, il servizio, l'empatia sono espressioni tangibili della perfezione della creazione. E' il nostro tendere verso questo ideale.

stanchezza, non vi sia erudizione[25], non vi sia mollezza, ma solamente il pregare e la pena. Che la Sua forza sia su di te fino a piegarti. Che il tuo corpo si sottometta o perisca. E qualora il tuo corpo perisca, lo spirito continuerà, dall'altra parte, il lavoro ...

Tutto il desiderio è un appetito, una fame. Quando è Dio che desideriamo, questo è chiamato preghiera; in realtà, ogni desiderio, ogni sforzo, è una preghiera. Ma per essere affamati, le nostre forze debbano essere esaurite.

Il lavoro, qualunque esso sia, è quindi il preparatore della preghiera; è, con il buon esempio, l'unica preghiera vera e feconda per l'immensa maggioranza degli uomini. Non ingannare te stesso: coloro che sono chiamati contemplativi non sono esempi da seguire: essi sono delle eccezioni. Cristo non parla da nessuna parte di tranquillità, estasi, matrimonio spirituale; tutti questi sono abbellimenti umani, direi se non avessi paura di scandalizzarti. Il dovere dell'uomo è prima di tutto vivere, agire, lavorare; se ha ancora tempo, può dedicarsi ad uno specifico studio, a un'arte che gli piace; lui ha la libertà; può anche continuare il suo dovere e andare oltre ad esso: questo sarà vero misticismo.

La preghiera è il più sovrumano degli sforzi. Alla porta di questo tempio, che è il nostro cuore, arrivano esseri che attendono con ansia che apriamo le porte del santuario dove possono pregare. Ce ne sono alcuni che muoiono di questo desiderio. Molti percepiscono Dio solo attraverso il nostro cuore, e sono scandalizzati e scoraggiati se la nostra preghiera è fatta male. Siamo responsabili di queste sofferenze che spesso non immaginiamo neppure. Comunque siamo ancora più responsabili

---

[25] Nel senso di orgoglio e intellettualizzazione dell'atto di pregare

da questo preciso istante. E quando ci arrendiamo inconsciamente ai desideri di questi esseri, la nostra voce è per loro un'armonia, una luce e una rugiada.

Nell'universo spirituale tutto è in intima coesione, tutto si compenetra e comunica. Uno sforzo morale facilita l'indulgenza e la preghiera; un atto di beneficenza ci aiuta a superare gli ostacoli e pregare.

La fatica del bravo operaio, le osservazioni dello scienziato, i patemi dell'artista sono le preghiere; essi sono preghiere più vive, più sante, più belle e preziose dei Padre Nostro ripetuti meccanicamente.

Imitare Gesù seminando il bene, soffrendo il male, dando agli altri il loro tempo, la loro forza, la loro intelligenza, il loro amore; soffrire il male del passato e il male che certamente ci avvicinerà a causa delle nostre buone azioni, è un altro tipo di preghiera: è la preghiera dell'esempio.

Quando si pratica la carità, il discernimento è utile; ma non quando preghiamo. Prega quindi per coloro che lo chiedono, per coloro che non sanno che la preghiera esiste, per coloro che non vogliono la preghiera. Strappa, per prima cosa, dalla tua preghiera tutto ciò che può contenere compassione personalistica; abbi pietà, ma pietà per gli afflitti, e non pietà per coloro il cui dolore ti raggiunge personalmente. Sussurra, quando la pietà riposa in te stesso, che tutti gli uomini sono fragili e miserabili, ma che tu sei il più fragile e il più miserabile. Scolpisci questo nel tuo cuore; cerca ragioni convincenti e usale, anche per ore e ore, per persuaderti; perché senza questa compassione, la tua preghiera non lascerebbe la terra.

E prega tremando; è una cosa terribile essere obbediti da Dio. Tremare per i favori ottenuti; sii silenzioso sulle grazie discese. Il puro cuore può comandare, e ogni essere gli obbedisce; ma, se pensi di essere puro, non è la prova che non lo sei? Ricorda che un taumaturgo che opera in forza del nome di Dio è uguale a zero; ma che un taumaturgo che opera nel proprio nome, anche se desidera il bene, può solamente sprofondare nelle illusioni malefiche[26].

Il figlio di Dio prega anche per coloro che lo perseguitano. Prega in tre modi.
Il modo più semplice è dire: "Padre, ti chiedo di perdonare i miei nemici".
Il secondo è: "Padre, ti ringrazio per avermi inviato questa umiliazione e ti chiedo di non punire i miei nemici".
La terza preghiera è: "Padre, ti prego per i miei nemici, che sono i miei benefattori, perché mi dicono meglio dei miei amici quello che sono. È per questo che ti chiedo di benedirli ".

La sofferenza insegna la preghiera.

Per prima cosa impariamo a non lamentarci. Gemere è indebolirsi; non essere impaziente, non farti prendere dal panico, non chiedere la consolazione, non professare lungamente i tuoi problemi. Se vuoi crescere, se vuoi che il forte rimedio funzioni, non cercare aiuto da nessuna creatura; rifugiati solo nel medico soprannaturale; se cerca di guarirti, è perché ti ama. Nessuno al mondo ti ama come Lui. Egli, quando ti guarda soffrire, è in lacrime.

---

[26] È solamente Dio che opera i miracoli, e non gli uomini. Colui che pieno di orgoglio, il taumaturgo, agisce in nome di Dio non commette nessuno male, solamente la sua opera non avrà effetto. Il taumaturgo che agisce nel proprio nome, anche se animato da ottime intenzioni, rischia di cadere nelle suggestioni del proprio Io.

Quando il dolore diventa insopportabile, taci e, in solitudine, piangi, gemi e prega per ore e giorni se necessario; ma se ti presenti agli uomini, ai tuoi fratelli, fallo solamente con un volto calmo. Un simile sforzo ti sembra impossibile? No, molti lo hanno già supportato. Sembra inutile? No, nessuno sforzo è inutile; e questo, tra tutti gli sforzi, è quello che si adatta perfettamente alla dignità della tua anima, al prezzo delle tue lacrime.

In verità, le nostre lacrime appartengono solamente a Dio. Appartengono al Padre, perché sono vive; esse appartengono al Verbo perché ci salvano; appartengono allo Spirito, perché evocano la pace; appartengono alla Vergine, perché sono fonti di umiltà.

Le lacrime sono preziose; abbi cura di non prosciugare la fonte divina impiegandole per motivi indegni. Devono diffondersi solo nella cripta più segreta del tuo cuore e della notte della tua volontà, affinché le stelle sorgano da esse e riversino l'insospettata speranza nella nostra disperazione.

La più alta sofferenza è la compassione, che è comunione con la sofferenza degli altri. Ma siamo ben lontani dal saperlo! Non ci immergiamo abbastanza nella sofferenza umana, non andiamo abbastanza dai malati, dai poveri, dai torturati. Non abbiamo abbastanza fede o semplicità. Non abbiamo abbastanza amore. Si ascolta troppo lontano il gemere dell'incurabile o il singhiozzare dei disperati. Devi sedere vicino ai loro letti e ascoltarli a lungo piangere, per renderti conto che non hai nulla da dirgli. È necessario ascoltare il piccolo che si lamenta: "Mamma, ho fame" e, scoprendo, il vostro portafoglio vuoto, subire il feroce sguardo di questi disgraziati: di coloro che vi vedevano giungere come salvatori.

Quando sarai ferito dalla prigionia di questi indicibili sofferenti, imparerai la preghiera, così il tuo cuore ribollirà fino a tendere ai cieli e farà discendere la riposta miracolosa.

Mettiti nella necessità di aver bisogno di Dio; chiedigli del lavoro, chiedigli delle prove. Non preoccuparti di portare i carichi degli altri se i tuoi sono leggeri. Sarai esausto, sfinito, forse cadrai nel fango; non importa: tutto è meglio che stagnare nella tiepidezza. È solo quando le sue gambe si rifiutano di condurlo, che l'uomo cade in ginocchio. Solo la stanchezza porrà le nostre braccia sulla croce, ed è solamente allora, attraverso le implorazioni, che trionferanno la giustizia e la misericordia.

Allora le nostre preghiere nude, povere ma vibranti e immateriali raggiungeranno il loro obiettivo e diverranno realtà terrene. È essenziale diventare noi stessi seminatori delle Grazie divine.

La preghiera e l'azione sono ugualmente importanti; ma entrambe devono essere eseguite senza rigidità, con facilità e con gioia. Ad esempio privarsi di un buon sigaro per compiacere Cristo è meglio che privarsi di esso per acquisire la virtù della temperanza; fare l'elemosina, per un dovere morale, è cosa meno buona che per compassione spontanea. Le virtù devono nascere dalla fonte[27]. Ogni sforzo del discepolo sarà quello di conservare in Dio il suo cuore, la sua volontà, la sua coscienza per ciascuno dei suoi atti, i suoi sentimenti e i suoi pensieri.

Non essere come i sapienti che, sulla spiaggia dell'oceano infinito, con il loro piede saggiano attentamente le acque. Getta te

---

[27] Dal cuore.

stesso in mare; il tuo grido di aiuto sarà più penetrante. I deboli di Spirito si irrigidiscono per evocare la loro forza. Tu sarai abbastanza forte da sondare la tua debolezza. Alterna l'azione con la preghiera. Quando sarai agonizzanti in forza del tuo agire, gettati in un'altra agonia: quella della preghiera.

Queste sono le fasi più difficili durante l'opera di preghiera. Un soldato di Cristo chiede, per esempio, che un concusso venga arrestato; immediatamente, i geni di tutto il macchinario amministrativo dove persiste questa concussione, gli spiriti dei complici, quelli del nemico, di tutte le sue formazioni corrispondenti, delle sue scienze, delle sue officine, dei suoi centri intellettuali, tutti i falsi angeli della religione, in una parola tutti i servitori, ecco tutto ciò reagisce e cerca di sopraffare il servo del Cielo. L'esercito della materia contro l'esercito dello spirito. Qualora il soldato di Cristo, vedendo tutti i suoi sforzi temporaneamente vani, si scoraggia, la sua calma sia alteri, si irriti o critichi; ecco, qualora accada questo, tutto è nuovamente da iniziare da capo.

Dato che il nostro lavoro è specialmente indirizzato ad una condotta di vita interiore semplice e chiara, mi si permetta di prendere un esempio che sarà familiare: le illusioni della preghiera.

Ci sbagliamo quando crediamo che la nostra preghiera sia vuota, quando una certa dolcezza non la accompagna. Al contrario, la preghiera arida e dolorosa va ben oltre. Non dobbiamo confondere l'ardore della fantasia e la sensibilità emotiva con l'offerta complessiva del nostro io, che solamente la preghiera sa esprimere. Tutta la gioia spirituale è un dono gratuito, immeritato al quale non abbiamo alcun diritto; l'amore è oltre tutto questo; l'amore vive nelle privazioni.

Quindi, quando il sacro ardore della preghiera ti delizia in questo mondo, ricorda che abbagliante, trasportante e tonante non è il Paradiso. Il cielo è un brivido, un respiro, un tocco impercettibile nel profondo del tuo cuore. Grazie ad esso sei commosso, immerso in una freschezza soprannaturale, pieno di certezze, pieno di gentilezza, pronto a subire tutto e ad intraprendere tutto.

Questa è la lusinga della vita eterna.

II. L'ORAZIONE DOMENICALE

La preghiera della domenica è fondamentalmente una preghiera per la pace, per l'armonia, per l'unità. Il discepolo che la pronuncia per amore di qualche sofferenza chiede che la pace discenda su quest'uomo, sul suo corpo, sul suo cuore, sul suo pensiero e sul suo destino. E la pace discende secondo il questuante, con l'attitudine della sua vita quotidiana, rendendosi cosa unica con l'Uno nella cui ombra implora. Essa è l'antica eredità donata dall'Uno ai suoi primi servitori[28].

Niente che il nostro Signore Gesù Cristo abbia pensato, recitato o detto, proviene da qualsiasi altra parte che non dal Cielo; ecco perché è filosoficamente incomprensibile; la mente non può neanche guardare questa infusione dell'Assoluto nel figlio e né questa effusione del figlio all'Assoluto, la cui doppia curva è la vita propria del Salvatore; è la realizzazione dell'impossibile, la materializzazione dell'invisibile, l'esistenza dell'inconcepibile.

Quindi il modello di preghiera che ha dato ai suoi discepoli, non è solo l'espressione dei bisogni dell'Universo; è anche l'affermazione di cose che il Padre considera utili per la nostra felicità personale e per la beatitudine di tutta la Natura. Questa è l'intelligenza del movimento cosmico: essa ne indica i componenti, i punti di partenza, gli obiettivi e le modalità. Rappresenta l'esercito di creature nella sua ascesa collettiva e la legge della perfezione del composto umano. È, in una parola, l'immagine della vita.

28

È quindi accettabile che taluni mistici abbiano scoperto il dominio delle straordinarie estasi della coscienza individuale, e che altri abbiano trovato gli arcani misteri della creazione del mondo.

Santa Teresa[29], analizzeremo per primo il suo metodo, sviluppa chiaramente quando enunciato. Secondo lei, quando l'anima ha riconosciuto il Padre che è "nei cieli" con i metodi della conoscenza umana, attraverso il processo discorsivo della comprensione, essa (l'anima) si rifugia nell'abbandono e inizia la pratica della preghiera in quiete: le cui fasi sono descritte dalle prime due richieste del Padre Nostro.

La lode. Possa il tuo nome essere santificato è, in effetti, un riposo dopo il faticoso ascetismo della vita purgante e della meditazione logica. È la prima alba della vita contemplativa. La creatura ha offerto quasi tutto il suo sforzo; il Creatore la illuminerà come in risposta alla seconda richiesta. Che il tuo regno giunga. La quietudine raggiunge qui il suo massimo livello; la gioia scende nell'anima e talvolta si infonde al corpo, che può diventare teatro di fenomeni straordinari.

Ma, assaporato da questo primo conforto, inizia un nuovo periodo di lavoro la cui terza richiesta: "Si fatto il tuo Regno" ponendo le basi della vera umiltà: del completo annientamento interno della creatura.

---

[29] Teresa di Gesù, o d'Avila, al secolo Teresa Sánchez de Cepeda Dávila y Ahumada (Avila, 28 marzo 1515 – Alba de Tormes, 15 ottobre 1582), è stata una religiosa e mistica spagnola. «È tanta l'importanza dell'amore vicendevole che non dovreste mai dimenticarvene.» (Teresa d'Avila)
    «I miei occhi caddero sopra una immagine che era stata posta lì, in attesa della solennità che doveva farsi in monastero. Raffigurava Nostro Signore coperto di piaghe. Appena la guardai mi sentii tutta commossa, perché rappresentava al vivo quanto Egli aveva sofferto per noi: fu così grande il dolore che provai al pensiero dell'ingratitudine con la quale rispondevo al suo amore, che mi parve il cuore mi si spezzasse. Mi gettai ai suoi piedi tutta in lacrime, e lo supplicai a darmi forza per non offenderlo più.» (Vita 9,1)

L'essenza di questo lavoro è l'assimilazione della volontà divina da parte della volontà umana, la cui vita diventa gradualmente un costante sacrificio; i dolori che questo sforzo produce sono i segni della nuova nascita, della mistica genetica del Verbo dentro di noi. Questo è il "pane quotidiano"[30] che ogni giorno ci nutre con una briciola. Esso è un cibo così forte, così generoso che la massa delle anime non può sopportarlo. Tutti i problemi, tutte le prove, tutte le persecuzioni, tutte le sofferenze immaginabili sono, in realtà, solamente gli effetti sul nostro spirito interiore di questo rimedio divino.

E la quinta domanda, il "perdono", deve essere la pietra di paragone di tutte le virtù, il segno della rigenerazione, la prova obiettiva e materiale che tutte le parti del nostro essere hanno assimilato il pane mistico: Il Verbo vivente.

Ma lascia alle anime eccelsi i misteri scoperti con i loro sforzi eccezionali; rimani a terra dove vive la folla; non ci viene forse esclusivamente offerto, quanto la nostra debolezza è in grado di superare? Per meglio proclamare l'Orazione Domenicale, è sufficiente immaginare le parole come enunciazione di cose reali, e non allegorie o astrazioni vaghe. Esaminare ciascuna di queste parole nella piena estensione del suo dominio universale, in tutta la profondità del suo senso umano; solo una di esse sarebbe sufficiente a riempire le tue ore di entusiasmo, per riversarti tutta la forza, per illuminarti con ogni certezza.

Quel nome di Padre, il potere, la saggezza, la gentilezza che evoca, il ritorno a Colui a cui tutte le cose dovrebbero riportarci; questo regno sul mondo e su di noi, e su tutte le parti dell'Uno e del

---

[30] La quarta richiesta.

cosmo. Questo governo effettivo, attuale, costante, paterno in un primo momento, poi reale e concreto in ogni accadimento. Questa volontà, Cristo stesso, che desideriamo vedere realizzata, incorporata in ogni cosa, nell'universo, in ogni parte della nostra persona. Questo pane, la fonte e la somma di tutti i cibi concepibili, in tutte le varietà delle sostanze della Natura. Questi reati, commessi o sofferti, regnano nella disperazione del male contro cui sempre si spera di emendarci. Queste eccellenti tentazioni, disposte per renderci, noi e tutte le creature, atleti spirituali. Finalmente questo male, che ci affascina e che non capiamo, che è necessario affrontare, e a cui solo il Padre ci consegna. Oh quali soggetti immensi su cui riflettere, su cui meravigliaci e su cui adorare! E che ricchezza spirituale, se li osserviamo con la semplicità e la concretezza, e non attraverso complicati geroglifici ed elaborati riti.

Gli oscuri compiti che sono la nostra legge non sono meno ardui degli impulsi del misticismo speculativo: anzi potrebbero esserlo ancora di più. Il Padre dà a chi vuole e ciò che vuole. Adesso è così sublime colui che può diventare sciocco in meno di un'ora. È meglio quindi considerare solo lo sforzo immediato e concentrare l'attenzione sulle presenti necessità[31].

Ecco alcune utili spiegazioni affinché, nello stato attuale della nostra conoscenza, comprendiate la Preghiera del Padre Nostro, e la affermiate nel miglior modo possibile: dal cuore, unendoci a Colui che l'ha donata a tutti noi.

1. – "Padre Nostro". L'idea di sollievo che nasce nel cuore dell'uomo deve elevarsi, ovviamente e semplicemente, all'Essere onnipotente per eccellenza. Quando Cristo chiama Dio il Padre, è

---

[31] Vivere il presente.

per farci avvertire la sua infinita sollecitudine. Il Dio del Vangelo non è il vendicativo Jehovah degli Israeliti, né l'indifferente e impassibile Parabrahm[32] dei Veda. L'amore che Egli ha per noi lo rende ansioso per il nostro destino, afflitto dai nostri errori, felice delle nostre salubri gioie. Se avessimo i nostri occhi aperti, saremmo confusi alla vista di tutti gli esseri e di tutte le forze che Dio sta ponendo in azione per infonderci la vita, per conservarla e per accrescerla. Egli, lungi dal punire, osserva i minimi segni di pentimento per correre incontro al figliol prodigo, per raggiungerlo e confortarlo. Nulla accade nella nostra esistenza, non prendiamo un pezzo di pane e non tocchiamo un sassolino, senza che il Padre lo abbia previsto e, dopo averlo giudicato buono, lo abbia permesso. Tutto questo già lo sai, ma non è male che tu lo senta dire nuovamente: perché spesso non osiamo seguire le logiche conseguenze di un'intuizione spirituale. La natura in noi deve svanire e tremare dinanzi alla luce divina. Quindi ascolta la voce quasi impercettibile dell'Amico che parla al centro del tuo cuore e, quando lo hai sentito, obbedisci, contro ogni dubbio, al suo volere.

2. – "Che sei nei cieli". I cieli del Vangelo non sono un paradiso come i luoghi di riposo delle antiche religioni. Questi paradisi sono solo piani di esistenza più o meno superiori alla terra: in cui, nella maggior parte dei essi, la mente dell'uomo si rilassa e riacquista forza per una successiva discesa verso l'inferno. Ogni luogo dell'esistenza è il paradiso per alcuni e il purgatorio per gli altri in base ai meriti precedenti. Tra questi "giardini di delizie", c'è il luogo in cui la bellezza, l'intelligenza e lo splendore prosperano, mille e mille volte, in abbondanza rispetto alla nostra terra; ma

---

[32] Para Brahman (sanscrito : परब्रह्मन्; Para Brahman) è il " Brahman più alto" ciò che va oltre ogni descrizione e concettualizzazione. È descritto nei testi indù come lo spirito (anima) privo di forma (nel senso che è privo di Maya) che pervade eternamente tutto, ovunque nell'universo e qualunque cosa sia oltre.

sebbene la felicità che possiamo godere su queste sfere radianti sia inimmaginabile per noi, come le grandezze astronomiche lo sono rispetto alle misure terrestri, abbiamo solo un tempo limitato in questi mondi. Solamente l'Assoluto, il Cielo e il Regno di Dio, ci offre un soggiorno eterno.

Il Padre risiede oltre la Sua creazione, nell'immutabilità della Sua plenitudine. È ovunque, anche nel regno della morte; Egli è sulla terra e su tutti i mondi, dal momento che Gesù è disceso in ognuno di essi.

3. – "sia santificato il tuo nome". Sei stato in grado di leggere, in opere speciali, adattamenti esoterici del Pater, dove si dispensano, più o meno analogamente alle parole che lo compongono, termini di Kabbalah. Non essere troppo entusiasta di queste speculazioni. Su dieci autori che trattano tali argomenti, non ce n'è uno, credimi, che scriva per esperienza. Le sephiroth[33] esistono, e tutti i piani di cui parla lo Zohar[34], e tutti i loka[35] dei Brahma e molti altri; solo è molto difficile andare ad esplorarli mantenendo il proprio equilibrio psichico. Non è la curiosità che manca ai dilettanti, è la capacità che fa difetto.

Persino gli adepti maggiori conoscono poco o nulla dell'essenza del Nome, né di quella del Numero. Quindi non tentare uno sforzo mentale straordinario; mantieni la tua energia per l'adempimento del dovere quotidiano. Così santificherai il nome di Dio in un modo molto più vivo, molto più sano e molto più fecondo di ogni astrusa

---

[33] Le dieci Sephirot formano il dispiegamento polare della manifestazione. Ognuna è un attributo di Dio che riposa oltre i tre veli del negativo.

[34] Il Sefer ha-Zohar o semplicemente Zohar, anche testo profetico ebraico, è il libro più importante della tradizione cabalistica. Il termine Zohar è un termine generico che serve da titolo a un corpus letterario composto la cui redazione comprende più decenni.

[35] Parola sanscrita che significa mondo.

riflessione. L'omaggio che diamo a Dio con questa richiesta è il semplice riconoscimento del niente che siamo innanzi a Lui e l'infinita gratitudine che dobbiamo avere per tutte le Sue benedizioni. Se ci sono esseri nel mondo dai quali non siamo degni di sciogliere il laccio della scarpa, figuriamoci se siamo degni di alzare gli occhi al Padre. Non lo ameremo mai e non lo ringrazieremo mai abbastanza.

4. – "venga il tuo regno". Dio è il padrone dell'universo; ma attende, per manifestare la Sua sovranità, che le creature lo riconoscano. Quindi Egli lascia, allo stato attuale delle cose, il potere visibile a quegli esseri che abusano della forza che Egli ha conferito loro. Veramente questa usurpazione non avviene senza il suo tacito consenso; essa occulta agli uomini la sollecitudine della sua volontà di manifestarsi. Così, guardando dal basso, non è il Suo regno che fiorisce, ma è quello degli dei, dei diavoli e degli uomini. I figli del cielo devono quindi desiderare la manifestazione divina; in altre parole, la sottomissione delle creature al loro Creatore. Ciò è la perfezione del disegno divino, in cui si realizza biologicamente il Regno del Padre. Deve gradualmente discendere dall'Assoluto per incarnarsi in ciascuna regione del relativo: nelle nebulose, nei pianeti, nei fluidi, negli animali, nelle piante, nelle pietre e negli uomini, in tutto l'essere, collettivo o individuale, invisibile o visibile.

Il regno di Dio nell'uomo è la sua salute fisica, morale o intellettuale; il regno di Dio su un pianeta è un paradiso fisico, organico e sociale; il regno di Dio nell'Universo sarà la reintegrazione totale. E uno degli effetti più importanti dell'opera di Cristo è stato quello di gettare qui le basi di questa sovranità divina e beata.

5. – "sia fatta la tua volontà". È ovvio che non conosciamo direttamente i disegni divini; ed è questo il primo motivo per cui dobbiamo chiedergli di realizzarli. Siamo certi innanzitutto, grazie al nostro intelletto, della loro eccellenza; inoltre desideriamo vederli pregnanti dall'amore del loro Autore. L'Assoluto, infatti, non è solo l'impassibile, l'indifferente e l'impersonale che dicono i panteisti. Poiché Egli è l'Assoluto, deve prima contenere tutte le forme di vita relativa e, quando si infonde nelle creature, Egli si riveste della perfetta forma del loro essere. Come Padre del mondo, Dio è interessato a noi, prendendo parte alle nostre gioie e ai nostri dolori e godendo di vedere le nostre mani innalzate a Lui.

Ora, tutto ciò di cui dobbiamo preoccuparci è obbedire a quelle divine volontà che ci riguardano. Il resto dei progetti provvidenziali, legati alla progressione delle altre creature, non ci riguardano per il momento. Ma il desiderio che formuliamo rende consapevoli di questi progetti universali una quantità di agenti che accresce con l'aumentare della nostra chiarezza interiore. Per quanto riguarda gli scopi a cui Dio ci ha dedicato, Egli li svela a noi prima di tutto tramite la coscienza, e successivamente grazie alla parola dei Suoi messaggeri. Questi due codici sono sufficienti per risolvere tutte le incertezze delle decisioni che potremmo dover prendere. Tutte le regole che contengono sono riassunte dalla carità. Mentre i desideri delle creature tendono alla soddisfazione dell'egoismo, nessuno può aiutare suo fratello senza provare imbarazzo. Necessariamente "fare la volontà di Dio" significa spezzare incessantemente i desideri personali, la propria volontà, i piaceri del sé.

6. – "come in cielo così in terra ". Questo è il corollario della realizzazione del regno di Dio. Il paradiso è il luogo in cui la volontà del Padre è perfettamente eseguita; tutte le forme di vita su

questo piano sono le forme stesse di questa volontà divina e sussistono solo da essa. La vita, nel nostro basso mondo, trova principio nel Padre da cui proviene. Ma, nel suo sviluppo, essa si sostiene e si priva di altri elementi come quello dell'Eternità. Sarebbe quindi necessario che, sulla terra, la fame degli esseri, la natura intima del loro desiderio di vivere, muti. Solo il Padre conosce il momento opportuno e i mezzi per effettuare questa conversione; è per questo che gli viene chiesto di fare la sua volontà. Solamente essa è propriamente perfetta. Nella proporzione in cui gli uomini obbediscono a Dio, l'intera Natura guarisce, perfeziona e libera sé stessa.

7. – "Dacci oggi il nostro pane quotidiano". L'uomo che crede in sé stesso crede di essere libero; ma è solamente schiavo delle sue passioni o dei suoi desideri. Da un certo punto di vista, entrambi sono i sonagli che gli dei hanno sventolato davanti agli occhi della nostra mente, per farci lavorare secondo i loro piani. E, come ogni agricoltore si prende cura dei suoi servi e dei suoi animali, questi dei si prendono cura di noi e ci forniscono ciò di cui abbiamo bisogno. Ma il cibo che ci danno non è sempre sano; spesso è talmente eccitante, che esaurisce i nostri organismi.

Solamente il pane che proviene dal Padre è buono. Ma in cosa consistite e dove cercarlo? Il nutrimento, ogni cibo, per il nostro corpo fisico è preparato in anticipo. Se per alcuni trovare questo nutrimento è difficile, è perché sussiste una giusta causa alla loro miseria: è sovente meglio non sapere e quindi non ricercare. Siamo in questo basso mondo per imparare, tra le altre cose, a sottoporsi al alla prova del fisico; abbiamo la licenza per giudicare solo noi stessi. I cibi degli altri nostri corpi (quello magnetico, quello astrale, quello mentale e quello psichico: questi sono solamente alcuni nomi, a prescindere del loro numero, che gli esoteristi conferiscono loro), vengono plasmati ancora prima della nostra nascita. Fluidi, fuochi, sentimenti, idee, ispirazioni ci compenetrano, secondo il bisogno che abbiamo di compiere il nostro lavoro e anche secondo il nostro desiderio che ci spinge ad esso.

Ma tutte queste cose sono solo il cibo degli involucri della mente, e dello stesso spirito, che, a sua volta, è solo il veicolo dell'anima: è il legno da cui divampa la fiamma eterna, che arde profondamente dentro di noi.

Cerca, in questo mondo oscuro dove languisce in esilio, quanto è a Lui simile; ciò che raccoglie un riflesso di Assoluto, di libertà, di soprannaturale. Questo sarà il Suo pane, il pane della vita divina. È questo il solo pane che dovremmo chiedere al Padre. Ora, qual è il divino per eccellenza nella Creazione, se non l'Amore, se non il Sacrificio?

Capisci adesso, senza perdere la calma o la ragione, che il nostro essere è molto vasto. Tutti noi, compreso chi si attarda lungo la via, siamo dei regni; in tutto l'immenso universo Egli invia viaggiatori. La più misera delle nostre azioni ha reazioni insospettate, ed è forse l'ultima corsa sull'oceano cosmico di una roccia lanciata a miliardi di leghe da qui. Ecco quindi che tutti i sacrifici di cui la vita familiare, la vita sociale e la vita intellettuale ci propongono, di tutti quelli che abbiamo l'opportunità e, in aggiunta, tutti gli altri che l'esistenza delle parti profonde del nostro essere ci conducono; tutto ciò che è agitato nell'immensa foresta dell'inconscio e che finisce, inevitabilmente e infine, in atti la cui vera causa e il vero significato sfuggono a noi; Ecco in tutto questo c'è l'amore divino, in tutto questo, per nostra stessa natura, c'è sofferenza.

La sofferenza è quindi una grazia, un favore, una benedizione. Qualunque cosa sia, è il segno di un amore; è il pane del Cielo, è quanto il discepolo desidera con avidità. È per mezzo suo che la nostra unione con il grande Sacrificio è resa perfetta; è lei che, nel materializzarsi, ha costruito la natura umana dell'Uomo-Dio; è attraverso di lei che troviamo i sentieri dove riposavano i suoi venerabili piedi[36].

Qual è l'alimento di questo corpo di carne? È un'assimilazione e una disassimilazione proporzionate della materia terrestre. Le vite di tutti gli altri nostri corpi sono processi analoghi. La vita della nostra anima è l'assorbimento della vita divina. E la vita divina è nostro Signore Gesù Cristo. Cosa ha fatto? Si è donato al mondo, non mentalmente, non con compassione soggettiva, ma concretamente attraverso la carne e il sangue e con tutto ciò che la Sua vita comprende. Facciamo, secondo le nostre misere possibilità, identico dono; dobbiamo dare agli altri il tempo, il denaro, il conforto, la felicità e tutto di noi stessi. L'imbarazzo che deriverà per noi, e questo imbarazzo può variare da un semplice piccolo guaio all'angoscia peggiore, sarà un poco di grano eterno con cui alimentarci.

A causa della nostra incostanza, il nostro compito è frammentato. Quale uomo può computare in anticipo il piano della sua vita, o anche quello di un solo anno? Per questo motivo è scritto che ogni giorno ha la sua pena. Ogni giorno è vivo, anzi; è come un quadro di terra; è un'opera, un atto completo; deve iniziare e terminare con un ritorno al suo autore. Il mistero notturno ci

---

[36] La sofferenza del devoto è minima rispetto alla sofferenza del Cristo, ma malgrado ciò lo accumuna a Lui e lo rende cosa unica con Lui. La sofferenza è l'alimento dello Spirito.

impedisce di vedere come sarà il giorno successivo; è per questo che Gesù ci dona solo il pane quotidiano.

8. – "e rimetti a noi i nostri debiti ". Per ottenere il perdono da Dio, dobbiamo esercitare lo stesso perdono da soli. Nel fare ciò, imitiamo Cristo, e Lui ci guiderà. Dobbiamo riuscire a perdonare: ricordando prima la Giustizia Universale e poi perseverando nello zelo dell'umiltà. Questi esercizi passivi, saranno nostri una volta eseguiti. Essi ci permetteranno di praticare ogni genere di perdono: l'oblio dell'ingiuria che uno dei nostri organi ha sofferto. Solamente in quel momento possiamo dire la frase del Padre Nostro senza paura di condannarci.

9. – "come noi li rimettiamo ai nostri debitori ". Questo perdono divino non è uno scambio; è una ricompensa per il sigillo di buona volontà che noi doniamo applicando la mansuetudine. L'altra interpretazione di questa domanda, che si riferisce al perdono dei debiti, offre il medesimo significato. Un attacco subito è sempre un debito pagato; la disobbedienza a Dio è sempre un debito contratto. Per recitare questo versetto, non dobbiamo aver paura di ciò che diremo qualora siamo privi di scherno o di astuzia.

10. – "Non indurci in tentazione". Queste parole, che riflettono esattamente la Vulgata, Cristo non le ha pronunciate, ma Egli ha permesso che filtrassero nella prassi della preghiera. Esse contribuiscono, perché spingono la gente tiepida ad aver timore del potere demoniaco. Cristo ha detto: "Non lasciarci soccombere innanzi alla tentazione"; e, invero, la tentazione propriamente detta viene dall'Avversario, con il permesso di Dio, come è descritto molto bene il libro di Giobbe. Ci sono due tipi di tentazioni. Quelle che provengono dalla nostra perversione personale e sono il prodotto dell'alleanza di un diavolo con una delle nostre forze. Esse

sono le più comuni e le meno pericolose. Quelle che provengono direttamente dall'azione di un soldato del Male, sono più rare e riservate agli uomini forti nello spirito.

La resistenza alla tentazione è una buona opera, forse una delle migliori. Per prima cosa l'assalto non può essere sostenuto senza umiltà, senza fiducia in Dio e senza lotta; tutti i nostri poteri sono quindi messi in pratica; la nostra mente, la nostra personalità diventano un campo di battaglia; le sette forme del male combattono costantemente le sette forme di bene. Bisogna, per trionfare, disporre di calma, di perseveranza e di spirito di decisione.

Hai visto dei visitatori nel "Jardin des Plantes"[37] stuzzicare le scimmie o le capre. Quando l'animale, infastidito, dà un colpo di corno o grida, l'uomo è soddisfatto e se ne va felice; egli ha tirato fuori un poco del dolore che aveva in sé stesso, oppure la pazienza del suo capro espiatorio lo ha stancato. Ci sono esseri vicino a noi, più forti e più intelligenti dell'uomo, che ci prendono in giro allo stesso modo; il nostro dibatterci gli fa ridere, anche se le nostre sofferenze ci sembrano orribili, disperate e infernali. Quando, piangendo, ci accorgiamo che non possiamo più resistere, dobbiamo pregare. "Non lasciarci soccombere innanzi alla tentazione", e una guardia giunge, mantenendo a distanza il sobillatore e facendolo vergognare della sua malvagità.

Se quindi ci raggiunge la tentazione, la prima precauzione da prendere è di rimanere calmi e non agitarci. Ciò che sembra grande per noi è così piccolo innanzi alle immensità che il mondo contiene. E se sei un soldato del Cielo, subirai l'attacco con

---

[37] Il Jardin des Plantes è il principale orto botanico di Francia. Esso è uno dei sette dipartimenti del Muséum national d'histoire naturelle. È ubicato nel V arrondissement di Parigi, sulla Rive Gauche della Senna ed ha una superficie di 28 ettari.

pazienza, accetterai il combattimento con l'aiuto del Cielo, e non chiederai che il persecutore se ne vada.

11. – "ma liberaci dal male". È il male universale da cui desideriamo essere curati: malattie fisiche, ignoranza, egoismo, miserie sociali, bruttezza, crudeltà e schiavitù di ogni tipo. Non possiamo liberarci da soli. Anche qualora un uomo che dimostri costantemente una virtù eroica, è bene sapere che non è la sua virtù che lo guarisce o lo illumina. Le sue opere sono solamente un gesto o una richiesta; ed è il Padre che lo salva a causa di questa preghiera attiva. Dio, lo ripeto, fa tutto per mezzo di noi; possiamo solo indurci nella migliore attitudine per approfittare dei suoi doni, chiedendogli di illuminare la debolezza del nostro discernimento.

12. "Così sia" è la formula gnostica o cabalistica con cui la preghiera domenicale viene alle volte conclusa. È l'atto di fede, senza il quale niente può essere ottenuto o realizzato.

III IL SALUTO ANGELICO

Ave, o Maria, piena di grazia, il Signore è con te. Tu sei benedetta fra le donne e benedetto è il frutto del tuo seno, Gesù. Santa Maria, Madre di Dio, prega per noi peccatori, desso e nell'ora della nostra morte. Così sia.

In verità questa, dopo il Padre Nostro, è la più potente preghiera del cristianesimo e di tutte le religioni. Noi ci poniamo in contatto, attraverso di essa, con la prima delle creature. Questa preghiera è il risultato della collaborazione di un angelo e di vari personaggi. Essa, similmente alla preghiera del Padre Nostro, ci permette di unirci al Padre e ci è stata donata dal Figlio.

Il saluto angelico si compone di tre parti:

1. - Le parole di Gabriele (Ave Maria, piena di grazia, il Signore è con te);
2. - il saluto con cui Elisabetta ha accolto suo cugino (tu sei benedetta tra le donne e Gesù, il frutto del tuo grembo, è benedetto);
3. - invocazione (Santa Maria, Madre di Dio, prega per noi peccatori, adesso e in nell'ora della nostra morte, così sia).

Le prime due parti sono di uso molto antico nella Chiesa. Si trovano, sia testualmente che in forma equivalente, nella liturgia di San Giacomo il Minore e nell'antifonario di San Gregorio Magno; la terza parte è dovuta al Concilio di Efeso del 431. L'Ave Maria è una composizione di preghiere di un patriarca di Alessandria del VII secolo, ma le ultime parole (adesso e nell'ora della nostra morte) sono ben più recenti e sembrano essere stati aggiunte dai francescani. Questa preghiera è stata introdotta in Francia da Louis le Gros. Cromwell, in Inghilterra, la proibì nel momento in cui Luigi XIII offrì il suo regno alla Vergine.

Quale attaccamento e amore non sente una madre per suo figlio! E quando quel figlio è Gesù, la perfetta bellezza, l'incarnazione della dolcezza, della sottomissione, della pietà filiale e dell'amore, quale adorazione non dovrebbe avere Sua madre per Lui! Quindi qual è stato il suo martirio nel vedere suo figlio incompreso, perseguitato, calunniato, e, infine, arrestato, condannato ingiustamente, flagellato, coronato di spine e attaccato ad una croce ignominiosa! Quanto deve aver sanguinato il suo cuore per vederlo perire di una tale morte!

Eppure l'angelo la chiamava "piena di grazia", "benedetta tra le donne". Se Lei, che era l'Immacolata, ha sofferto in questo modo, senza un lamento, quale onta noi dovremmo subire per giustificare la nostra impazienza e i nostri continui mormorii: noi che abbiamo guadagnato ben più del dovuto dalle nostre prove e dalle nostre sofferenze?

Meditiamo sull'esempio della rassegnazione celeste che ci dà "la Madre del dolore". E, come lei, sempre dobbiamo dire: "Ecco il servo del Signore".

Proprio come Gesù è stato "il frutto del suo grembo," anche noi, seguendo gli insegnamenti di saggezza eterna che la Vergine rappresenta, vedremo la nascita di Dio nelle nostre anime. Egli nascerà di nuovo quando avrà trovato un tempio, purificato da passioni e desideri, spogliato di avidità, nobilitato dalla accettazione della croce e vissuto da amore, degno di riceverlo. E questa nascita sarà la nostra rigenerazione.

IV. COME FARSI ASCOLTARE DA DIO

Le biblioteche sarebbero colmate da tutto ciò che è stato scritto sulla preghiera. Tutti questi suggerimenti sono sicuramente utili, e ogni supplicante presenta la sua richiesta come meglio può. Ecco perché mi limiterò qui a dare delle indicazioni indispensabili.

Pregare richiede solo una condizione essenziale: che la nostra voce ascenda a Dio. Non parlo per metafora; capisci che è cosa ben diversa dalla meditazione, dall'autosuggestione o dalla concentrazione volontaria. La preghiera è un grido di appello e nient'altro. È tutto ciò che ci permette di essere ascoltati.

Ora, tra tutti gli esseri, è Dio che è più vicino a noi, perché è al centro di noi stessi, ma purtroppo possiamo essere, e siamo troppo spesso, ben lontani da lui.

Il nostro cuore, per farci capire da Dio, deve parlare la lingua del Cielo, e questa lingua è la carità; la nostra persona deve prendere coscienza della propria nullità, ed è in questo vuoto interiore l'infinito si precipita. Quindi credere non è sufficiente: credere in Dio e non obbedire a Lui è ciò che fanno molti cristiani. Preferisco quelli che sostengono di non credere e che obbediscono alla legge divina. La preghiera senza la carità che la precede non può fare nulla; mentre la carità senza fede muove lo stesso il Cielo. Ricorda le storie ammirevoli del figliol prodigo e del buon samaritano. Non è la fede che genera la carità, è la carità che genera la fede; la fede non è un'opinione del cervello, è una credenza del cuore. Avere fede in qualcuno non significa credere solamente che quella persona esista; è avere fiducia in lei e dedicarci completamente a lei.

Fede significa amore in Dio, come la carità è l'amore per le tutte creature. Queste due fiamme crescono l'una dall'altra e si alimentano vicendevolmente. Vivere è andare oltre sé stessi. Attraverso la carità esci da te stesso verso il mondo in difficoltà; con la preghiera esci in te stesso, e giungi verso il Padre, il buon amico che ama i tuoi sforzi.

Allora devi essere umile. Dio non ascolta gli orgogliosi, quelli che si credono forti, eruditi o intelligenti. Nessuno può veramente credere di essere tale, se non ha mai dato uno sguardo all'enormità dei poteri che ci schiacciano e all'immensità delle incognite che ci circondano. Questo è il livello ragionevole di umiltà, ed è il più semplice. Inoltre non dobbiamo ritenerci migliori o più intelligenti dei nostri compagni; anche se ciò è già più difficoltoso e richiede una certa conoscenza di sé, maturata con molte spiacevoli esperienze: perché solo quelli sono indulgenti hanno veramente sofferto.

Rari sono i discepoli che scendono a questo tipo di umiltà, per la quale ci consideriamo il più piccolo degli uomini, il meno buono, il meno intelligente, il meno degno di interesse e da cui traspare, come dice l'Apostolo, che "non abbiamo niente, che niente abbiamo ricevuto". Anche, con questa umiltà, le calunnie, gli insulti e gli attacchi più ingiusti li riceviamo con gioia e, lungi dal farci trovare da essi, andiamo loro incontro. Questo va oltre la comune accettazione; questo è un umiliarsi attraverso uno sforzo sovrumano. Non si può scendere da soli lungo questi ripidi pendii; hai bisogno del braccio di un angelo o della caccia di un demone[38]. Del resto, angelo e demone non arrivano mai l'uno senza l'altro. Quindi sii senza paura. Quando avremo assaggiato il liquore agrodolce dell'umiliazione, un immenso cambiamento avrà luogo nei fondamenti del nostro essere. Noi giungeremo ad amare il

---

[38] Solamente attraverso l'aiuto divino, nella forma di un suo servitore, o attraverso la resistenza alla tentazione di un demone, che sempre agisce per divina volontà, è possibile raggiungere queste profonda umiltà dell'animo.

nostro persecutore; lo ringrazieremo, e chiederemo la discesa di benedizioni, sulla sua testa, dal Cielo. Noi, così agendo, sappiamo con certezza che verremo soddisfatti.

Sebbene tutto ciò possa sembrare di breve durata, sforziamoci di ricordarlo quanto saremo indifesi e infermi[39]. Il nostro orgoglio, in verità, è illogico; quello che è forza per il nostro io, è debolezza secondo lo Spirito. L'ultima parola del nostro superbo libero arbitrio è la parola della Vergine: "Si fatta la tua volontà". E non appena questa resa è concessa, qualcosa di sconosciuto, profondo e fortissimo sorge in noi. Questa misteriosa energia è l'autentica fede. Almeno la sua crisalide, la fiducia in Dio, è necessaria quando preghi.

La fede conduce alla preghiera a Dio. Se solo sapessi cosa può fare la fede, non ti sembrerebbe così difficile sottomettersi ad essa. Quando Gesù dice che la fede può muovere le montagne, non parla per metafora, afferma un fatto fisico. Quando Filippo de Neri[40], credo, ordina a un muratore che cade da una torre di fermarsi e quell'uomo rimane sospeso a metà strada; quando la suora d'Ars mandò il direttore del suo orfanotrofio a visitare il granaio vuoto e lo trova pieno di sacchi di mais, ecco come questi santi possedevano una fede "grande come un granello di seme di canapa". Non avevano chiamato spiriti e non avevano pronunciati mantram; avevano chiesto al Padre e il Padre aveva inviato degli angeli.

---

[39] La preghiera, sorretta da umiltà e sofferenza, è l'ultimo e più efficace strumento nelle mani dell'uomo.

[40] Filippo Romolo Neri (Firenze, 21 luglio 1515 – Roma, 26 maggio 1595) è stato un presbitero italiano, venerato come santo dalla Chiesa cattolica. Fiorentino d'origine, si trasferì, ancora molto giovane, a Roma, dove decise di dedicarsi alla propria missione evangelica in una città corrotta e pericolosa, tanto da ricevere l'appellativo di «secondo apostolo di Roma».

Così la fede è in noi una forza divina e soprannaturale che crea laddove non c'è niente e non c'è niente di creato. Questa magnifica e completa definizione è di Jacob Bohme[41]: il ciabattino. Come può pregare colui che ha timore di non essere esaudito? L'irresponsabilità, la timidezza, la paura e lo scetticismo non impediscono forse a migliaia di uomini, ogni giorno, di riuscire in questa impresa quotidiana: così semplice rispetto alle forze in atto durante la guerra spirituale?

Il dubbio è una delle grandi armi del diavolo. Se la fede rappresenta la realizzazione effettiva di una delle virtù dell'eternità, il dubbio è l'illusione mentale di una delle apparenze del tempo. Quando uno è disturbato da un ostacolo, si prepara ad una certa caduta; ma se, questo ostacolo, lo affrontiamo con determinazione, esso svanisce. Uno scettico non arriva mai a nulla a meno che non abbia fede nel suo scetticismo. Che cosa non farebbe un uomo che crede in Dio con tutte le sue forze, tenuto conto che alcuni, avendo creduto in un altro uomo, in una donna o in un'idea, hanno compiuto atti eroici?

Affermate che è difficile avere fede? No, vi sembra impossibile solo perché avete legato voi stessi le mani del vostro spirito; vi siete rinchiusi in una catacomba dove vi lamentate. Vogliate avere fede, e l'avrete immediatamente. Dissipate le esitazioni e comportatevi come se aveste fede; scacciate l'orgoglio e vedrete che il dubbio non è altro che un miraggio che offusca le comunicazioni divine. Allora la vostra fede non sarà, come per gli

---

[41] Jacob Böhme (Alt Seidenberg, 24 aprile 1575 – Görlitz, 17 novembre 1624) è stato un filosofo, teologo, mistico e luterano tedesco. «L'Uno, il "Sì", è puro potere, è la vita e la verità di Dio, o Dio stesso. Dio però sarebbe inconoscibile a Se stesso e in Lui non vi sarebbe alcuna gioia o percezione, se non fosse per la presenza del "No". Quest'ultimo è l'antitesi, o l'opposto, del positivo o verità; esso consente che questa divenga manifesta, e ciò è possibile solo perché è l'opposto in cui l'amore eterno può divenire attivo e percepibile.» (Jacob Böhme, Questioni teosofiche, III, 2)

agenti del male, il veleno più mortale per la vostra anima, sarà invece il vostro onnipotente tonico.

E poi, non siamo soli. Il nostro amico è qui e Prega con noi; Lui è il desiderio della richiesta, Lui è il messaggero e Lui è la risposta. Tutta la sua persona è solo una vasta sinfonia di richieste. Quando, durante il suo transito terreno, benedì questo mondo con la sua presenza più dolce, le sue parole, i suoi pensieri, le sue azioni erano tutte preghiere irresistibili.

Ogni cellula del suo corpo, ogni scintilla del suo essere interiore era una preghiera vivente. Ciò che prega in noi, lo capiamo adesso, è il Suo Spirito; e i nostri sospiri hanno virtù solo se li abbiamo prima raccolti in Lui: attraverso l'abitudine dei nostri sentimenti, i nostri pensieri e le nostre azioni offerti, ognuno di essi, al Suo servizio.

Questa è la fede che ti chiedo di edificare in te. Poiché tutto è possibile, e questa fede è indispensabile all'esercizio del sacerdozio mistico. Essa non è la fede intellettuale, è la fede vivente, è quella che ti fa affrontare ogni giorno l'impossibile nella vita pratica; è quella che ti permette di rimanere sereno nelle peggiori catastrofi; è quella che ti aiuta a fissare la morte senza battere ciglio e l'apparizione dei demoni più oscuri non rallenta la tua marcia. Questa fede, il più grande degli uomini ha appena fatto alcuni passi sulla strada che conduce ad essa e tuttavia ti esorto a crearla in te. Essa è più vicina a noi ora che nel Medioevo; essa sorride: fai uno sforzo e divamperà in te. Fai questo sforzo alla prima opportunità.

La quarta condizione necessaria per la richiesta di essere ascoltati è quella di essere sulla via della quiete. Il paradiso è il mondo della pace. Dobbiamo perdonare coloro che ci hanno danneggiato, non solo gli uomini, ma tutte le creature, gli eventi, le forze invisibili, le idee, i sentimenti e le cose tutte. Possiamo goderci questa clemenza solo se confidiamo che il Padre non ci sottoponga ad una prova ingiusta. Quando vogliamo parlare con Lui, dimentichiamo i nostri problemi per un momento. Possiamo, così comportandoci, sostenerli con maggiore calma e combatterli al meglio. Ricorda come il perdono è il miglior anestetico per sedare le nostre sofferenze della nostra anima.

In quinto luogo, bisogna avvicinarsi al Cielo con un sentimento di gratitudine per le grazie e per le disgrazie. Mentre le prime sono momenti di riposo, le altre, dal momento che abbiamo ancora paura del calvario, sono l'unico mezzo per il nostro avanzamento.

In sesto luogo, dobbiamo essere attenti a ciò che affermiamo: il nostro parlare deve essere perfetto; non solo nella nostra intelligenza, ma anche nel cuore e nel corpo. Questa condizione è difficile da raggiungere perché siamo essenzialmente distratti. La mancanza di attenzione è una mancanza di fervore. Essere attenti è volere; ma è impossibile volere senza amare. In verità l'amore è la chiave di tutte le porte.

Per combattere la distrazione, prega ad alta voce; se il tuo cuore è arido, pregare meditando[42], vale a dire, riflettendo con la tua ragione logica su ogni parola pronunciata, pesandola e esaminandola.

Durante il giorno, possiamo prendere alcune precauzioni efficaci per sviluppare il potere dell'attenzione. Astenersi da parole inutili, evitare di sprecare tempo, respingere sogni a occhi aperti e, soprattutto, correggere i nostri difetti. Diventa un santo. Queste due parole contengono il segreto di tutti gli sviluppi morali, spirituali e persino intellettuali. Ma, ahimè! Temo che la ricetta sia troppo semplice; il mistero ha così tanta attrazione su di noi!

È sufficiente affrontare le distrazioni con la massima calma, senza stancarsi. Se passano tre ore prima di poter dire

---

[42] Per meditare, Paul Sédir, evidentemente intende concentrarsi.

correttamente il Padre Nostro, saremmo stati impiegati in modo eccellente tre ore. Nessuno sforzo è perso.

Settimo, perseveranza. Possa la parabola del giudice ingiusto istruirci[43]. Quello che non abbiamo ottenuto in una settimana, potremmo averlo dopo un anno; se la nostra voce non è stata ascoltata dopo un anno, potrebbe esserlo dopo le trenta. I vecchi rishi indù[44], per farsi ascoltare da semplice divinità, fecero penitenza per decine di secoli. Noi, che siamo certi che il Maestro degli Dei si inchini innanzi alla nostra voce, possiamo, dopo una distrazione o una tiepidezza, riprendere la nostra richiesta, anche se dovessimo privarci del sonno di una notte.

In sintesi, nella preghiera, non è tanto la sua intensità che conta quanto la sua preparazione. Se dedico un quarto d'ora a pronunciare i nomi degli ammalati, devo prima dedicare le ventitré ore rimanenti a vivere nei Cieli, a vivere come un discepolo perfetto.

---

[43] Il giudice iniquo e la vedova importuna. 18 Disse loro una parabola sulla necessità di pregare sempre, senza stancarsi: 2 «C'era in una città un giudice, che non temeva Dio e non aveva riguardo per nessuno. 3 In quella città c'era anche una vedova, che andava da lui e gli diceva: Fammi giustizia contro il mio avversario. 4 Per un certo tempo egli non volle; ma poi disse tra sé: Anche se non temo Dio e non ho rispetto di nessuno, 5 poiché questa vedova è così molesta le farò giustizia, perché non venga continuamente a importunarmi». 6 E il Signore soggiunse: «Avete udito ciò che dice il giudice disonesto. 7 E Dio non farà giustizia ai suoi eletti che gridano giorno e notte verso di lui, e li farà a lungo aspettare? 8 Vi dico che farà loro giustizia prontamente. Ma il Figlio dell'uomo, quando verrà, troverà la fede sulla terra?» (Vangelo di Luca)

[44] RISHI (Ṛṣi). - Si chiamano con questo nome, nella religione indiana, i santi o veggenti che ebbero la rivelazione degl'inni del Ṛgveda, che trasmisero ai loro discendenti, divenendo gli eroi eponimi delle gentes (gotra) brahmaniche presso le quali si sarebbero tramandati gl'inni stessi. Sette di numero, secondo una leggenda, sarebbero saliti al cielo a formare le stelle dell'Orsa Maggiore. I loro nomi variano, e varia anche il numero, trovandosi menzione di otto ṛṣi capostipiti di otto gotra, che poi si sarebbero suddivisi in quarantanove, e questi alla loro volta in altri minori. Sono esseri più che umani, forniti dei poteri misteriosi della scienza e della perfezione religiosa, e se ne distinguono tre categorie: devarṣi, o ṛṣi che vivono fra gli dei; brahmarṣi, o ṛṣi di origine sacerdotale; rājarṣi, o ṛṣi di origine regale. (Treccani)

Allora il mio spirito sarà più vicino a Gesù, e sarà sufficiente per me esporre i miei desideri con semplicità, senza pormi in stati interiori straordinari.

Questo insieme di condizioni deve finire per sembrarti piuttosto difficile, complicato. È solo un'apparenza. Nello spirituale, molto più che nel materiale, tutto è uno ovunque. Siamo certi che la preghiera più imperfetta è sempre utile, nessuna preghiera è mai perduta.

Coloro che credono che, poiché si sono dedicati a Cristo, la loro vita debba essere tranquilla e monotona sbagliano. Coloro che credono che, poiché si sono dedicati a Cristo, la loro vita deve essere un lungo martirio, sono ancora in errore. Entrambi hanno ragione solo su questo punto: essersi dedicati a Cristo. Ma dato che si sono dati a Cristo, essendo certi della sua onnipotenza e della sua benevolenza, di cosa si preoccupano? Dal momento che essi sono nelle mani del Padre, compiano completamente il loro dovere. Essi, nel darsi integralmente, chiedono tutto. Se Dio risponde, va bene; se rifiuta, è altrettanto bene; se invia una prova, è buono; se manda un poco di felicità, va comunque bene.

V. DOVE, COME, QUANDO PREGARE

Quali condizioni deve soddisfare la vera preghiera?

Essa è l'impeto del soprannaturale in noi, che protende verso il soprannaturale fuori di noi. Il soprannaturale, permettimi di enfatizzare questa parola, di ciò che è al di sopra della Natura, del creato, del tempo, dello spazio, delle condizioni e oltre i riti. Il sovrannaturale che risiede in quella atmosfera luminosa dove dimorano solamente i grandi e liberi effluvi dello Spirito e le forme risplendenti degli angeli della Verità.

Si può pregare solo per mezzo delle facoltà che possiede la coscienza. Molti pregheranno quindi con i loro nervi, con il loro intelletto, con la loro avidità appassionata, con lo spirito della loro carne e le loro ossa. Le osservanze liturgiche, per queste persone, sono eccellenti e persino indispensabili. Chi di noi, in sincerità, può affermare che la sua preghiera è pura da ogni vapore della carne e del sangue? Ma è la perfezione che bisogna desiderare; è per questo che parlo come se fossimo capaci di compiere questo sforzo sovrumano.

Dove possiamo pregare? Ovunque è possibile raccoglierci. Secondo il consiglio di Cristo, stai in silenzio, nel materiale e nello spirituale[45], nella tua stanza.

La quiete del fisico. Essa è necessaria: perché così solamente Dio e i suoi angeli ci scorgeranno. È una grande forza che il bene si realizzi in segreto; lui è puro. I nostri amici, i membri della nostra stessa famiglia, che ci vedono ritirati nella nostra stanza, potranno così credere che stiamo riposando. Con questa discrezione eviteremo la ricompensa fallace della loro stima.

---

[45] Stai in quiete con il tuo corpo , la tua mente e la tua anima.

La quiete spirituale. "Chiudersi nella propria stanza" significa ritornare dentro di noi stessi, chiudere le porte dei sensi e della memoria che pone la mente in comunicazione con il mondo esterno. Se vuoi che la tua stanza sia pura, falla diventare il tempio del vero culto. Non siate colerci, non pronunciate parole inutili o malvagie.

Nelle chiese sfruttiamo l'orientamento del mezzo fluido, l'allenamento collettivo, gli artifici sensibili, come l'oscurità, le vetrate fiabesche, lo slancio che riversiamo nella musica, l'atmosfera spesso secolare che le generazioni precedenti hanno popolato di sospiri e ringraziamenti. Tutto ciò è una grande forza e non è proibito trarne profitto.

Se preghi meglio in chiesa, vai in chiesa. Se la natura ti aiuta, prega nella calma e nella bellezza della campagna. Se il tuo rifiuto di andare in chiesa scandalizza qualcuno, sacrifica la tua facilità e fai come tutti gli altri. Ma se, tuttavia, vuoi muoverti più velocemente, scegli di parlare con Dio dove hai bisogno di più attenzione.

Attribuire importanza a una formulazione della preghiera, a discapito delle altre, è un errore; il Padre ascolta tutte le lingue. Attribuire importanza al luogo, al tempo, all'atteggiamento, ai gesti delle nostre preghiere, è un errore. Se l'umiltà mi prostra sul mio io, è cosa buona; ma se mi inginocchio a dispetto della durezza del pavimento, il mio inginocchiamento non serve a niente. Senza dubbio, in certi luoghi energizzati dalla folla, in certi momenti in cui passano le onde favorevoli, la preghiera sembra sorgere facilmente; ma questa è un'impressione esterna. Il paradiso è ovunque, indipendente da tempi e luoghi, formule e riti. Queste senza dubbio ci aiutano; ma facciamo attenzione che non nascondano le verità spirituali. La preghiera è essenzialmente un dialogo del cuore con le Divine Persone; e, per farci capire, abbiamo solo bisogno che sia condotta in conformità con la loro legge. Nient'altro.

Quando dovresti pregare? Risponderò a tutta l'assemblea dei mistici: sempre. Per l'uomo credente tutto è un motivo di preghiera, cioè di ringraziamento e di richiesta. Non appena aprirai gli occhi, ringrazia Dio per quanto ti ha dato; se la notte è stata cattiva, ringrazialo ancora di più per aver avuto l'occasione di soffrire, cioè per la tua occasione di purificazione e di pentimento.

Prega quando i tuoi compiti ti lasciano libero, perché la preghiera più vivida è prima di tutto un buon esempio. Ma usa tutti i tuoi istanti. Un secondo - voglio dire, un secondo - di impeto o di invocazione verso il Cielo agirà sul nostro universo invisibile e sull'organo fisico-spirituale della preghiera. Questo organo non si costruisce in un solo colpo, ma da cellula a cellula; la fisiologia dell'anima assomiglia a quella del corpo; dieci movimenti semplici sviluppano il muscolo più di un grande sforzo sproporzionato.

Dobbiamo pregare al mattino prima di affrontare il lavoro del giorno e durante il giorno: ogni volta che si presenta l'occasione.

Siamo alla ricerca di queste opportunità. Non dimentichiamo che possiamo pregare in ogni momento e per ogni cosa: rispondendo a una lettera, facendo una visita, concludendo un'attività, compiendo un'operazione finanziaria, vestendosi, superando un imbarazzo, guidando una macchina, eseguendo un lavoro di laboratorio, ricercando dei documenti. Ancora possiamo pregare per ricevere la comprensione o l'energia degli altri, per ottenere per noi stessi la facoltà di cui si ha bisogno nel momento presente, ecc ... Inoltre, se hai un piccolo controllo di te stesso, bastano pochi secondi per invocare Gesù.

Se sei stanco alla sera, dopo una giornata di lavoro, dovresti ancora, prima di andare a dormire, pregare per due o tre minuti. Questo ricordo, fatto dal cuore del cuore, è il tenue stato di connessione con Dio che i mistici chiamano la "punta dello spirito[46]". Queste preghiere ricevono sovente risposta.

Se preferiamo pregare con fervore, con entusiasmo, con gioia, è comprensibile, ma non è essenziale. Alla povera piccola richiesta, tutta asciutta, tutta secca, tutta nuda e tutta debole l'Amico forse risponde con maggior solerzia. Inoltre è la qualità della condotta di vita durante il giorno, che rende particolare la qualità della preghiera della sera.

Di ogni preghiera, che hai pronunciato nel silenzio notturno e nella solitudine della tua stanza chiusa, gli oggetti attorno a te ne avranno udito, nutrendosi in tal modo, le parole. Ci sono occhi e orecchie ovunque che ci guardano e ci ascoltano. Gli alberi, i fiori tra i quali passiamo in preghiera, il marciapiede dove camminiamo, la collina e il torrente che ammiriamo, il cane che ci segue e il passante che conosciamo, tutti trattengono qualcosa. I vostri antenati, i cui spiriti dimorano nella casa, i vostri futuri figli, le cui anime discenderanno nella stanza in cui nasceranno, tutti i testimoni invisibili della vostra esistenza, quelli che ti adorano, i giganti che si tormentano alle volte, il bene che ti aiuta e i cattivi che ti ingannano, tutti traggono beneficio dalla tua preghiera.

Inoltre questa stessa preghiera, scaturita dal centro del nostro cuore, indirizzata verso il Maestro della Vita, è un essere vivente. Questa stanza, questa lastra e questa roccia dove qualcuno pregherà oggi, mantengono questa forza nella loro memoria e la loro memoria è ben più fedele della nostra. Tra dieci anni, anche tra dieci secoli, gli uomini che passeranno da tali luoghi potranno sentire inaspettatamente un'emozione inspiegabile e salutare.

---

[46] O fondo dell'anima. Questa espressione, punta dello Spirito, si deve a Francesco de Sales. Francesco di Sales (in francese François de Sales; Thorens-Glières, 21 agosto 1567 – Lione, 28 dicembre 1622) è stato un vescovo cattolico francese.

VI. CHI PREGA

La preghiera è l'impulso della nostra personalità verso l'Assoluto. Capirai che dobbiamo pregare solo Dio. Purtroppo ciò è raramente fatto. Solitamente ci rivolgiamo al dio che abbiamo scelto. Ad esempio una brava donna che va in chiesa, mentre lei ha già piccole rendite, per chiedere al buon Dio che il suo guadagno si concretizzi, non è Dio che il suo cuore prega, è il dio di soldi. Quanto spesso ci comportiamo come questa brava vecchia signora?

Ora ogni dio ascolta i suoi fedeli, come un re offre una occupazione redditizia per i suoi cortigiani. Un uomo orgoglioso o un avaro che prega per la sua ambizione o la sua avidità, saranno facilmente esauditi dai loro dei; ma si inoltreranno più in profondità lungo il sentiero errato. Quando un cuore semplice chiede al Padre qualcosa che possa danneggiare la sua anima, il Padre non lo ascolta; e questo è uno dei motivi per cui le nostre preghiere rimangono sovente sterili.

Rivolgiti a Dio solamente. Il primo, il più irriducibile nemico dell'uomo è sé stesso; Satana è meno pericoloso per noi di quanto noi non lo siamo per noi stessi. Entrambi questi avversari hanno un'azione altrettanto elusiva[47]; per combatterli, abbiamo bisogno di un fulcro al di fuori del mondo: poiché essi riempiono questo mondo, poiché essi traggono la stessa forza dall'universo. Questo supporto superiore può essere solamente Dio.

Prega il Padre; prega Cristo perché è Dio; pregare lo Spirito Santo è troppo difficile; siamo ancora troppo in profondità nella materia per essere sensibili a questa presenza infinitamente sottile.

---

[47] Agiscono non direttamente, non manifestandosi, ma solleticando le nostre profonde corde psicologiche ed emotive.

E poi, c'è una creatura che si può pregare senza paura di contrarre un debito o di perdere il Padre, ella è la Vergine Maria. Poiché è la più umile di tutte le creature, possiamo essere certi che trasmetterà la nostra richiesta integralmente; e, poiché suo Figlio soddisfa sempre le sue richieste, c'è, nel rivolgersi a lei, maggiore possibilità di essere ascoltati.

Le leggende che mostrano gli angeli che raccolgono le preghiere dei santi per portarle, in gerarchia in gerarchia, al trono di Dio, sono vere. Non sono sempre gli angeli, nel senso teologico della parola, che adempiono a questo ufficio. Ma ciò non importa; tutto questo è pianificato e ordinato, tutto torna alla fonte; le luci vanno alla Luce e l'oscurità giunge al Nulla. Ed entrambe, Luce ed Oscurità, vanno su e giù secondo la loro densità. La preghiera si intensifica tanto quanto la purezza della querelante rafforza le sue ali. Le preghiere degli uomini, quindi, non arrivano tutte ai piedi del Padre; ma quando la sfera che esse toccano è troppo ardente per loro, può capitare che esseri compassionevoli le raccolgano, le facciano loro e le presentino a Dio come proprie. È per questo che riceviamo risposta, molte più volte di quanto dovremmo.

La devozione popolare conosce queste guide e le ricercano con una fiducia molto spesso giustificata. Dà loro dei nomi, sebbene questi esseri superiori preferiscano rimanere sconosciuti. Essi hanno solamente paura di essere invocati direttamente. Questa idolatria altera la trasmissione della loro influenza invisibile e complica enormemente le loro conseguenze nel futuro. Infatti essi non ascoltano che quanto porti il sigillo dell'Unità; e loro comprenderebbero meglio le tue preghiere, se ti rivolgessi direttamente e solamente a Dio.

Inoltre, ci sono innumerevoli tipi di intermediari, ma non chiedere a nessuno di essi. Cosa sappiamo veramente degli esseri invisibili? Che certezza abbiamo che siano veramente nella vera

Luce? Forse alcuni di loro ti risponderebbero con solerzia, ma ti accolleresti un debito che prima o poi dovresti pagare con capitale e interessi. Chiedi solo a Dio, Cristo e la Vergine. Questo è "cogliere il segno". "Cerca" ulteriormente; poniti problemi; spendi le tue energie per aiutare gli altri e la tua intelligenza per inseguire il male in tutte le sue pieghe; "Colpisci" e vai fino alla fine del tuo sforzo.

VII. LA PREGHIERA PER IL MALATO

Guarire con la preghiera richiede lealtà, calma e abnegazione; soprattutto, dobbiamo rimanere in costante unione con il nostro Cristo, il medico soprannaturale. Quest'ultima condizione contiene e integra le altre. È soprattutto nei loro rapporti con le donne che gli uomini che desiderano dedicarsi agli ammalati devono essere leali. Se preghi per i malati, devi sommamente osservarti, contenerti, spezzare l'impeto delle forze oscure dell'istinto che sempre si agitano in noi. Soprattutto devi ricordare che un semplice sguardo di avidità equivale ad un vero adulterio. Il male che potresti commettere, usando il tuo prestigio spirituale, avrebbe conseguenze molto profonde, molto gravi, molto lunghe e molto pesanti. Hai bisogno di una calma imperturbabile. Calma per te stesso, calma per i tuoi pazienti. La terapia, più che gli altri metodi, conduce, attraverso la preghiera, colui che la usa all'Invisibile, alle aree più segrete e inesplorate dell'Invisibile. Essa è quindi la più fertile delle sorprese. La tensione della preghiera, alla quale il mistico si obbliga costantemente, alza, affina e sensibilizza l'anima. Egli riceve più degli altri le ripercussioni di una serie di eventi buoni o cattivi, di cui i mondi sottili sono il teatro, e che collassano sulla nostra terra e sui suoi abitanti.

Più alto il mistico ascende, più va a fondo, più le forze che la sua anima respira e assimila sono attive e il loro effetto sconcertante. Per mantenere l'equilibrio intellettuale, fisico e psichico, il terapeuta mistico ha una sola risorsa: freddezza, presenza dell'anima, profonda prudenza, perfetto possesso di sé stesso.

I pazienti sono molto più soggetti, anche a loro insaputa, alla penetrazione di influenze. Il loro squilibrio fisiologico li rende vulnerabili; e le loro sofferenze morali e fisiche sono gli episodi delle loro lotte contro queste invasioni. Chi si prende cura di loro solo con la preghiera deve quindi essere due volte calmo e forte: per sé stesso e per loro: per tutto ciò che manca di resistenza ed equilibrio. Non accogliere, soprattutto negli anni attuali, fra i tuoi pazienti coloro che ti parlano di magia, che affermano di essere vittime di pratiche occulte. Già nei secoli passati era avvenimento raro; e, in ogni caso, è meglio allontanare il paziente da tali preoccupazioni. Se ti capita di dire qualche parola ai tuoi pazienti, in pubblico o in particolare, non parlare mai di occultismo o stregoneria.

In terzo luogo, sii buono. Possa il grande e indispensabile precetto dell'amore fraterno essere costantemente davanti al tuo cuore e davanti alla tua volontà; amore fraterno e puro, spogliato dell'egoismo familiare, spogliato di interesse intellettuale e prestigio sentimentale, amore per il puro Spirito. Prendi interesse per ogni paziente quanto sei a te stesso interessato; cerca la parola tra tutte le parole che la confortano, il gesto che la solleverà; trattalo con serena dolcezza; ignora la sua impazienza e le delusioni perdonando, dimentica l'ingratitudine, abbandona l'inclinazione a soddisfare i tuoi piccoli dispotismi. Non perdere nessuna opportunità di pregare per gli sfortunati. È forgiando il ferro che si diventa fabbro. Non discutere, non giudicare e non disprezzare. Non guardare se il malato è sofferente a causa di atti di alcolismo o atti di dissolutezza; vedi solo la sua carne che duole; vedi solamente un essere che è in difficoltà. Sii buono con lui come il Padre è buono con te, con tutti, con ogni cosa e ovunque. Nessuna giovialità esagerata e nessuna fronte accigliata. Accogli con un sorriso tutti i pazienti. Accoglili come visitatori molto graditi, in quanto saranno le tue motivazioni per il lavoro, cioè saranno delle opportunità per farci aiutare dal nostro Maestro.

La sua gioia nel vedere la tua obbedienza, possa essere la tua gioia e possa renderti felice. Sii giocondo. Mantieniti nella gioia degli schiavi dell'Amore, e ti irradierai senza sforzo, e trasmuterai la disperazione intorno a te.

Infine sii unito, vivi nell'unità, rimani nell'unione. Prima di alzare un dito, di dare un'occhiata e dì dire una parola, esamina se la tua mano, i tuoi occhi e la tua lingua sono con Gesù. Nessuna calunnia, nessuna colpa, nemmeno nell'intonazione; nessuna parola vana; esprimiti sul conto degli assenti solo come faresti se ti ascoltassero. Non dire nemmeno il male di animali, di oggetti, del tempo e di nessuna persona. Pensa solo a Cristo; vivi solo per Cristo; obbedisci solo alla voce di Cristo nella tua coscienza. Agisco per il meglio; nutri il tuo ego con cibo ripugnante; aiuta a vivere tutto ciò che vive; vai incontro ai timidi e ai poveri vergognosi. Gesù disse ai suoi discepoli: "Non abbiate dunque paura di loro, poiché nulla vi è di nascosto che non sarà svelato né di segreto che non sarà conosciuto". Sii quei discepoli.

Vedrai guarire incurabili; non essere sorpreso, ma inchinati e ringrazia. Vedrai insignificanti malesseri resistere alle tue preghiere e ai tuoi digiuni spirituali; non essere sorpreso, ma prostrati e sottomettiti. Forse sarai condotto in inferni spaventosi; forse gli angeli ti eleveranno ad estasi ineffabili; non essere sorpreso, annientati ed adora. Forse ti prosciugheresti nei deserti della disperazione; è lì che Dio sarà meno distante; inchinati nuovamente ed adoralo intensamente.

Sii prossimo ai malati. È scritto: "Ero malato e mi avete curato[48] ". Questa identificazione di Gesù con la persona della sofferenza

---

[48] Matteo 25,35-44

35 Perché io ho avuto fame e mi avete dato da mangiare, ho avuto sete e mi avete dato da bere; ero forestiero e mi avete ospitato, 36 nudo e mi avete vestito, malato e mi avete visitato, carcerato e siete venuti a trovarmi. 37 Allora i giusti gli risponderanno: Signore, quando mai ti abbiamo veduto affamato e ti abbiamo dato da mangiare, assetato e ti abbiamo dato da bere? 38 Quando ti abbiamo visto forestiero e ti abbiamo ospitato, o nudo e ti abbiamo vestito? 39 E quando ti abbiamo visto ammalato o in carcere e siamo venuti a visitarti? 40 Rispondendo, il re dirà loro: In verità vi dico: ogni volta che avete

non è una figura retorica. Il nostro Maestro ha pianto tutti i singhiozzi, ha patito tutte le ansie: è venuto per collegare il nostro Padre a tutti i dolori, perché dove c'è sofferenza c'è spiritualizzazione. Non si preoccupava del peccato della persona malata, o della causa della sua malattia; Non si preoccupava, nel prigioniero, del suo crimine o della causa della sua prigionia; Non si preoccupava, nel misero, dei difetti che lo costringevano nella sua povertà. Voleva vedere solo creature dolenti; Voleva solo dare loro conforto. La nostra preoccupazione deve rivolgersi totalmente ad essi, dimenticando le ragioni della loro disgrazia.

È quando entri nelle stanze sporche, quando guardi nei letti malsani, quando respiri l'aria densa di abitazioni troppo misere, che sarà necessario mostrare le attenzioni della tua compassione. Spazzare, lavare, vestire, senza imbarazzo, con discrezione; non fare sermoni; il ventre affamato non ha orecchie, la carne che soffre non è alleviata dalle congetture. Sostieni i cattivi umori e i capricci; tutto questo rientra nella tua opera. Che dal tuo cuore scaturisca su queste febbri una rugiada rinfrescante.

Quindi l'umiltà sembra essere la prima condizione necessaria per la guarigione nel nome di Dio. Costante e piena umiltà; un'umiltà che contiene il perdono delle offese, la loro dimenticanza e che riduce l'orgoglio a un livello così piccolo che gli avversari non riescono più a trovare dove ferirlo; un'umiltà che contiene tutte le obbedienze e tutte le rinunce, che genera fiducia, che infonde gioia inalterabile, che emana ristoratrice pace e si diffonde nei dolci profumi delle campagne eterne.

---

fatto queste cose a uno solo di questi miei fratelli più piccoli, l'avete fatto a me. 41 Poi dirà a quelli alla sua sinistra: Via, lontano da me, maledetti, nel fuoco eterno, preparato per il diavolo e per i suoi angeli. 42 Perché ho avuto fame e non mi avete dato da mangiare; ho avuto sete e non mi avete dato da bere; 43 ero forestiero e non mi avete ospitato, nudo e non mi avete vestito, malato e in carcere e non mi avete visitato. 44 Anch'essi allora risponderanno: Signore, quando mai ti abbiamo visto affamato o assetato o forestiero o nudo o malato o in carcere e non ti abbiamo assistito?

Un serio, tacito, impegno viene reso nel momento in cui il discepolo giunge innanzi ad un malato. Egli sta lì nel nome di Cristo, sotto la sua protezione, usa le forze che le sue sofferenze hanno creato, prende il suo posto, oserei dire. L'intelligenza terrena del paziente e gli assistenti potrebbero non percepire questa formidabile sostituzione; ma le loro anime lo vedono, gli angeli lo vedono, l'invisibile lo vede. In ogni istante rischiamo di diventare usurpatori. Il sacerdozio del miracoloso mistico è un peso soverchiante; richiede una perseveranza superumana e un'umiltà senza fondo.

Le prerogative supreme che Nostro Signore il Cristo ha ricevuto dal Padre, ci sono offerte perennemente: sta a noi riceverle. È per esse che il nostro spirito entra nel palazzo celeste, dove le legioni angeliche le custodiscono. Le chiavi di questo palazzo sono forgiate dalle opere dell'amore fraterno, le più semplici e difficili delle quali sono l'astensione dallo scandalo e la difesa degli assenti calunniati. Ma non è sufficiente visitare occasionalmente il meraviglioso palazzo; dobbiamo renderci capaci di abitarvi, di viverci come se fossimo nati lì, di assumere le usanze, la lingua e l'attitudine dell'animo. Quindi applicatevi sistematicamente a questa indulgenza per le colpe del prossimo, a questa discrezione del linguaggio, a questo rigore per le vostre colpe, a questo impulso spontaneo verso i più deboli che sono i sigilli impressi nei cuori di coloro che abitano la Luce.

Migliaia di volte dovrai ripetere lo stesso sforzo prima che la tua lingua si rifiuti di pronunciare una parola cattiva; ma allora sarai amico di Cristo e cittadino del Cielo; tutto ciò che è in esso, i suoi frutti, le sue fonti, le sue armonie, la sua energia, i prototipi eterni delle forze naturali che la scienza positiva e l'intelletto occulto cerca di catturare, di essi potrai pienamente disporre. Sarai in grado, nel nome di Gesù, di comandare la malattia, la tempesta, la morte, gli animali selvaggi, senza addestramento, senza ritegno, senza formule e senza riti.

Curare misticamente significa sanare l'intero patrimonio degli organi colpiti: mondare il centro spirituale e il corpo materiale dalle origini ancestrali della malattia e dalle sue terminali conseguenze nelle generazioni umane. Per fare ciò dovrai vivere una doppia vita. Dovrai vedere, ascoltare, pensare, agire sulla terra; ma dovrai anche vedere gli angeli e gli spiriti immortali, parlare con loro, lavorare con loro, contemplare i paesaggi celesti, cogliere gli oggetti divini. Tale è l'esistenza dell'uomo libero.

Prima di arrivare a questo punto, possiamo solo assistere i malati, aiutare gli sfortunati e pregare gli uni per gli altri. Possiamo fare questo solamente, ma queste piccole cose sono i più rigorosi fra i compiti. Anche per offrire una semplice tazza di tè alle erbe ad un malato, dobbiamo pregare il Padre ed invocarne la benedizione: dal momento che niente conosciamo delle speciali virtù di questo rimedio. E, quando l'adempimento di tali obblighi ci provochi spese capitali, difficoltà e delusioni, allora rallegriamoci per entrambi. Saremo sostenuti dall'amore e ridurremo il debito dei nostri fratelli.

Le nostre prove non superano mai le nostre forze; molte volte non ce ne accorgiamo, ma Dio, attraverso uno dei suoi servitori, estende la scadenza di un debito, e noi evitiamo così la malattia, l'incidente e il dolore. Spesso nostro Padre accoglie il piccolo bene, che ci capita casualmente di realizzare, con molta benevolenza, lo prende a pretesto per deviare il nostro cammino dalla traiettoria fatale di una sofferenza, generata da una delle nostre colpe; e, grazie ai nostri migliori sforzi, la misericordia divina porta ancora a nostro credito qualche debito non pagato.

Nessuno, né il soldato di Cristo, né il semplice credente, hanno il diritto di farsi carico volontariamente del male degli altri, perché nessuno è il padrone del proprio corpo[49].

Quindi, mansueto discepolo di Gesù, ti limiterai all'unica preghiera per ottenere la guarigione degli ammalati e la tua carità allevierà nello stesso tempo le loro privazioni. L'osservanza delle massime evangeliche è l'unico metodo, l'unico addestramento che il nostro Maestro ci propone per rinnovare i suoi miracoli. Egli, quando da ristoro ad alcuni, dice loro: "La tua fede ti ha salvato", agli altri: "I tuoi peccati ti sono stati rimessi"; ma non abbiamo il diritto di esigere la fede o di cercare i peccati di coloro da cui stiamo andando. Possiamo solamente chiedere loro, con loro, o al loro posto, che la Misericordia gli salvi, sostenendo la nostra richiesta con un sacrificio o con un digiuno spirituale. Basta dire a Dio il nome del malato, aggiungendo: "Guariscilo, se questa è la tua volontà".

---

[49] E aggiungo del corpo, della mente e dell'anima altrui.

VIII. L'AZIONE DELLA GRAZIA

Spesso, ho ripetuto, non sappiamo come ringraziare o, peggio, non pensiamo neppure di ringraziare. Riparare questa dimenticanza è compito della volontà; curare questa ignoranza è l'impresa del sentimento. Non posso volere per te, perché tu voglia, devi essere tu che vuoi e devi[50]. Ma forse posso aiutarti a chiarire i tuoi sentimenti.

L'uomo è così naturalmente ingrato che il riconoscimento serve solo a coprire, come con un velo, la sua incurabile vanità. "Mio Dio, ti ringrazio per avermi risposto", spesso significa: "Mio Dio, sono stato degno di ricevere un Tuo favore"; "questo malato è stato guarito in risposta alla mia preghiera"; "So che non sono stato né io e neppure la mia preghiera a guarirlo, ma Io gli ho portato il dottore e Io gli ho comprato la medicina." Da questi scorretti pensieri a credere di essere un essere eccezionale, purtroppo, la distanza è breve!

Orbene dobbiamo comprendere che la Grazia non solo è il luogo spirituale della gratitudine, ma è anche, e soprattutto, lo stato interiore in cui si ottiene dall'infusione della riconoscenza. Ringraziare è dire due volte grazie, è piangere la Grazia, nella beatitudine estatica dell'Amore; grazie per tutto quello che sappiamo di aver ricevuto, grazie per tutto quello che ignoriamo di aver ricevuto; grazie per tutto ciò che non sappiamo come riceverlo; grazie per tutto ciò che in noi, in forza di un miserabile gesto di divina elemosina, si sta risanando.

---

[50] Sostanzialmente non può essere Paul Sédir, o chiunque altro, a sostituirsi alla nostra volontà, ma dobbiamo essere noi stessi, con un atto di presenza, a volere.

La Grazia è il cuore esausto, ferito, riverso nella polvere, che "si arrende alla riconoscenza" sotto le frecce vittoriose dell'Amore, sotto la grandine delle benedizioni del Padre.

Ma per pronunciare le parole di vera gratitudine, il nostro cuore deve percepire tutto ciò che riceve, anche quando sembra non ricevere nulla; e, infine, che il nostro cuore sappia, che oltre alla donazione significativa, palpabile, visibile, che lo accompagna dall'alto, dal basso e da tutti i lati della piccola sfera della sua coscienza, ancora ovunque riceve un salubre flusso abbondante e inesauribile.

Questo è lo stato in cui devi prima disporre la tua anima, il tuo spirito e persino il tuo corpo, prima di pronunciare le parole di ringraziamento. Si prega di fare attenzione e comprendere, ancora una volta, come la preparazione per l'atto di pregare è ben più difficile, e quindi più importante, della preghiera medesima.

IX. DOBBIAMO PREGARE PER I MORTI

Cosa bisogna fare per conoscere la morte?

Il suo regno è separato da questa terra da un abisso; e nulla di ciò che il nostro pianeta ci ha fornito può attraversare questo precipizio.

Noi possiamo percepire solamente un insieme di contraddizioni. Una morte, per esempio, è allo stesso tempo una nascita; è uno dei nostri più grandi dolori, ed è una grazia inestimabile; è la separazione più radicale, eppure i nostri antenati rimangono lì con noi; è un grandissimo viaggio, e c'è solo un passo per realizzarlo; è un riposo, anche se lavoriamo ancora dall'altra parte; i morti vanno altrove e sono ancora attaccati al cadavere per un tempo molto lungo; tutti devono soffrire la morte, e ci sono esseri che non lo sanno ancora; infine, è la forma più implacabile di fatalità, sebbene sia possibile vincerla.

Se siamo realmente spiritualisti, se adattiamo le nostre azioni alle nostre convinzioni. La Regina della Paura, così operando, è persa innanzi ai nostri occhi: il suo prestigio di terrore e il suo alone di mistero sono dissolti. Essa diventa liberazione, il passo in avanti, l'ingresso in un nuovo mondo. Guardiamo la grande falciatrice venire in tutta serenità; diamo il benvenuto con un sorriso alla sua inevitabile visita; poiché è da Dio che lei detiene il suo potere e la sua forza è una delle forme della potenza del Verbo. La paura che gli uomini provano nel suo approccio, come un'intossicazione che gli pietrifica in sé stessi. Essa è tutta fisica e prende origine dall'inerzia della materia. Gli uomini anziani soffrono più dei giovani, perché le menti corporee, abituate a questo mondo, a questa luce, a questa atmosfera, a oggetti familiari, hanno timore di perdere tutti questi spazi abituali. Avvertono l'ignoto che sentono approssimarsi e si aggrappano disperatamente allo scoglio oscuro che è la loro casa. Ma l'io generalmente mantiene maggiore calma, e le ultime contrazioni, che colpiscono dolorosamente le vittime dell'agonia, sono, per la maggior parte, solo automatismi del tutto fisici.

I fenomeni della morte sono profondamente sconosciuti. La descrizione esatta e completa della morte non è scritta da nessuna parte; il luogo in cui avviene la partenza delle anime è nascosto; l'aria della terra dei morti non è salubre per i vivi.

La morte è solo un recupero dell'anima dalla terra, di ciò che le era stato imprestato alla nascita. Se ripristiniamo il buon cuore, non soffriremo. Se uno la rifiuta, ci saranno inevitabilmente lacrime, ferite e rimpianti finché il defunto non comprenderà la saggezza riposta in una rassegnazione fiduciosa. Le brave persone soffrono molto poco; coloro che, al contrario, hanno fatto idoli di sé stessi e delle loro qualità, sperimentano il vuoto delle loro glorie. Il corpo, il doppio, i sentimenti, le funzioni mentali, la memoria, l'abilità professionale e i gusti particolari, tutto questo è ripreso dagli dei terrestri, per una purificazione, una riparazione e una custodia in un luogo speciale. Tutto ciò potrà ancora servire più tardi, sia a chi aveva già ricevuto tale deposito, sia a qualcun altro.

L'unica vera morte è la perdita della Luce; tutte le altre morti sono solo trasformazioni. Proprio come il nostro intelletto non sa come evolversi se non passa da un'opinione all'altra, così il nostro Se non può ottenere la propria definitiva collocazione se non sperimenta una moltitudine di stadi transitori.

Quale deve essere la nostra condotta con i morti?

Generalmente non dobbiamo occuparci di loro; non abbiamo doveri verso di essi. Al contempo non ci è vietato pensare a loro, continuare ad averne cura e a rimpiangerli. Ma non dobbiamo riportarli indietro, né per magia, né attraverso i più semplici strumenti dello spiritismo.

Non è che tutto sia sbagliato nello spiritismo. Il suo fondamento filosofico, la reincarnazione, è corretto, in quanto è concepito come conseguenza della giustizia divina. Ma tentare incursioni nella terra dei morti è avventato; non sappiamo nulla di questo regno, dei suoi confini, della strada che conduce ad esso e neppure dei suoi abitanti. Ci esponiamo a pericoli imprevisti, incontri casuali, errori e inganni.

La pratica dello spiritismo è un affronto all'ordine stabilito, per quanto buona sia l'intenzione del praticante. Ogni volta che vogliamo entrare in un luogo a cui non eravamo destinati, dobbiamo pagare il guardiano della soglia. È per questa ragione che lo spiritismo e l'uso delle arti occulte generano generalmente attaccamento materiale.

Lo spiritismo, per chi si fida di Dio, è per lo meno inutile. Inoltre i defunti non sanno niente, così come noi o diversamente da noi, dei segreti dell'universo; e addirittura possono benissimo ascoltare i nostri consigli in caso di emergenza.

Allo stesso modo, è inutile pregare per i morti. Il nostro spirito, attraverso la preghiera, cercherà colui per il quale prega per portarlo al Signore. Ma i nostri spiriti non sono abbastanza puri per andare nella terra dei morti.

Inoltre i morti non hanno bisogno di noi. Nessuno lascia questa terra prima del tempo stabilito; nessuno risiede in nessun luogo senza doverci lavorare[51]. Se i nostri genitori, se i nostri amici se ne vanno, è perché devono andare altrove. Il Padre veglia su tutto. Quando un essere amato ci lascia, nuovi affetti lo circondano; ha delle guide, ha degli aiutanti; e dovunque, il suo giusto destino lo conduce, è per la sua perfezione.

---

[51] Continuare ad evolvere la propria anima, il proprio stadio di coscienza.

Combattiamo contro la ribellione e contro la disperazione. I nostri gemiti possono solo tenere, in modo anormale, i nostri morti su questa terra. Lasciamoli andare. Essi torneranno. Tornano anche molto spesso in un modo molto materiale; perché se la nonna sorride con profonda tenerezza alla sua nipotina, è perché i loro spiriti, reincarnandosi, si ricordano degli anni trascorsi in un luogo dove forse hanno lottato insieme ed erano felici insieme.

Sempre, ricorda, dobbiamo rispettare il velo che la bontà divina, ha felicemente gettato sul mistero dell'esistenza.

Lightning Source UK Ltd.
Milton Keynes UK
UKHW021130130821
388805UK00012B/878